高等教育"十三五"经管类精品教材

企业战略管理精要

黄 炜 编著

上海财经大学出版社

图书在版编目(CIP)数据

企业战略管理精要/黄炜编著.—上海:上海财经大学出版社,2019.4
高等教育"十三五"经管类精品教材
ISBN 978-7-5642-3209-2/F·3209

Ⅰ.①企…　Ⅱ.①黄…　Ⅲ.①企业战略-战略管理-高等学校-教材
Ⅳ.①F272

中国版本图书馆 CIP 数据核字(2019)第 030926 号

□ 策划编辑　台啸天
□ 责任编辑　林佳依
□ 封面设计　张启帆

企业战略管理精要

黄　炜　编著

上海财经大学出版社出版发行
(上海市中山北一路 369 号　邮编 200083)
网　　址:http://www.sufep.com
电子邮箱:webmaster @ sufep.com
全国新华书店经销
上海华教印务有限公司印刷装订
2019 年 4 月第 1 版　2019 年 4 月第 1 次印刷

710mm×1000mm　1/16　9.5 印张　145 千字
定价:36.00 元

前 言

本书对企业战略管理的各种原理、规则，提供作者独立的、贴合战略管理实际工作的、深入浅出的分析，并简明扼要地列举丰富多彩的案例说明或佐证，让读者更容易接受这些原理和规则。

企业战略管理涉及许多方面，作者选择把企业战略管理最重要、最基础的理论和实践用 8 章内容展现，每章的论述均充分透彻，内容也是精挑细选、精雕细琢的，能带给读者以启发。

本书中短小精练的案例也能让读者将之快速与理论论述内容联系起来，或者使读者自己更容易从这些案例中提炼观点和理论，有利于读者更深入理解本书内容并获得启发，而不是使读者陷于长篇案例中费力寻找线索和启发，却常常失去方向。

本书强调章节之间的逻辑联系和章节结构的科学性，注重论述内容之间的逻辑联系并使前后论述紧密呼应。书中多处“参见”其他章节的标引，使读者可前后关联，更深入理解书中论述内容。本书力求语言生动活泼，词汇富于变化，论述内容力戒枯燥说教，而是富有趣味性。

本书内容精练，避免繁冗与拖泥带水，并采用短段落形式，注重谋篇布局和行文用字的科学性，使读者阅读时能一目了然。方便读者快速、轻松地抓住信息和重点，而不被密集的文字或冗余的废话（市面上常见的长篇大论）搞得晕晕乎乎。

书中部分图片来自百度，作者对这些图片的作者和提供者表示衷心的感谢！如有疑问，请与作者联系。由于作者的学识有限，书中难免会有瑕疵，敬请读者批评指正，作者邮箱：huangwei0630@163.com。

黄 炜

2018 年 7 月 28 日

于上海工程技术大学管理学院

目 录

第1章　企业战略管理概论

战略本是一个军事名词，指对战争全局的筹划和指挥。它是依据敌对双方的军事、政治、经济、地理等因素，兼顾战争全局的各方面，规定军事力量的准备和运用（《辞海》定义）。

《左传》和《史记》曾使用“战略”一词；西晋史学家司马彪曾有以“战略”为名的著述。在西方，“战略”一词来源于希腊文。古今中外有不少典籍论述了战略问题，其中就有《孙子兵法》。

美国管理学家彼得·德鲁克说：“管理者，就是把事情做得正确的人。企业家，就是做正确的事的人。”正确的企业战略就是教企业做正确的事。一个组织没有战略，就像一艘船失去了舵。

案例

柯达公司固守胶卷市场，把自身的创新和竞争重点放在生产更好的胶卷上，这只是正确地做事。柯达没有意识到数码摄像技术背后隐藏着的巨大商机，更担心数码技术的应用和推广会损害自己的胶卷业务，因而搁置它已领先一步开发的数码摄像技术。这不是在做正确的事。你不应用数码摄像技术，不代表别的企业也墨守成规、故步自封。

资料来源：百度文库．谁打败了百年柯达？［OL］．2018－10－9．

在不知道做正确的事方面，施乐也犯过错，让苹果公司偷去了电脑图形界面技术；诺基亚也犯过错，让苹果公司的智能手机遥遥领先。尽管它们当时也在正确地做着现有的事，也在为现有的业务努力创新。

企业在竞争中，一味地拼成本、拼价格，是低端的竞争，并且是对资源的浪费，即《孙子兵法》说的“其下攻城”。攻城是下策，因为血战的代价很大。《孙子兵法》说：“上兵伐谋，其次伐交，……”意即上佳的用兵之道是以智谋取胜，其次以外交取胜……在企业竞争中，不但可以通过伐谋、伐交（联盟、合作、合资）获得成功，更重要的是谋全局、谋长远，不断创新，开发新技术、新产品、新市场……并且通过联合与分工合作，实现双赢。

《孙子兵法》在战略方面给后人的启迪：①有备而战；②速战速胜（须依情形而定）；③避实就虚；④争取主动；⑤灵活善变；⑥选拔将帅，以德为先。

《周易》中的战略思想：平衡性、整体性、阴阳对立统一、阴阳相互转化。后两个观点反映了辩证统一，一个事物有优点也有缺点；福兮祸所伏，祸兮福所倚；形势会转化，优劣势也会转化，例如官渡之战中的逐步转化，赤壁之战中的急遽转化。

中国古代其他著名的战略思想有：齐桓公实施的“尊王攘夷”（攘：排斥、抵御）；晋文公的“联秦制楚”；战国时期的合纵抗秦、连横破纵、远交近攻；荀彧提出的奉迎汉献帝；诸葛亮的《隆中对》……[①]

1.1 企业战略

随着社会发展和科技进步，战略管理被赋予了新的含义，在各个领域都有广泛应用。商场如战场，战略在企业经营中运用，被称为企业战略，它与军事中的战略在思想和观念方面有很多一致性，包括一些听上去较新的概念，

① 马瑞民. 新编战略管理咨询实务[M]. 北京：中信出版社，2008.

如竞合[①]、双赢。

(1)企业战略的各种定义

企业战略是企业根据其外部环境及内部资源和能力的状况，为求得企业生存和长期稳定发展，为不断获得新的竞争优势，对企业的发展目标、达到目标的途径和手段作总体谋划。

钱德勒认为：战略可以被定义为确立企业的根本长期目标，并为实现这些目标选择行动方案和分配资源。

安德鲁斯认为：战略是关于企业宗旨、目的和目标的一种模式，以及为达到这些目标制定的主要政策和计划；通过这样的模式，战略界定了企业目前从事什么业务和将要从事什么业务，企业目前是什么类型和将要成为什么类型。

奎恩将战略定义为：一种将企业的主要宗旨、目标、策略和行动次序结合为一个有内聚力的整体机制或计划。

威廉·纽曼认为：企业战略是确定企业的长远任务，以及为完成这一任务而采取的主要行动。

迈克尔·波特认为：战略的本质是抉择、权衡和各适其位。

公司战略应该是这两种行动的混合体：公司经营者发起主动和有计划的进攻；对无法预期的发展和新市场状况做出应变回应。

(2)明茨伯格的“5P”概念

加拿大教授亨利·明茨伯格提出战略的“5P”概念。战略是计划(plan)，例如企业的行动计划；战略是模式(pattern)，例如经营模式、盈利模式；战略是定位(position)，例如企业定位、产品定位；战略是观念(perspective)，例如价值观念、经营观念；战略是计策、计谋(ploy)，上兵伐谋。5P 概念是战略管理结构学派的代表性观点。

因此，战略就是通过一种模式，把企业的目的、指导原则、策略和经营活动等有机结合起来，使企业获得竞争优势，从而实现企业目标。

---

①　实际上，战争中也有竞合，例如南宋朝廷与蒙古竞合，灭金；国民党政府在抗战前、中、后都曾与日本军队竞合，企图消灭中共。双赢的情况也类似，例如我国战国时代，两个对立甚至敌对的强国合谋瓜分一个弱国。

针对竞争对手，本企业的战略就是策略、谋略。向后看，已实施的战略是模式；向前看，未实施的战略是计划；向下（落实、实现）、向外看，战略是定位；向上（更高层次、更远大的目标）、向内看，战略是愿景。

（3）企业战略定位分析

可做的业务（E）：基于机会、大势、规律等判断。

能做的业务（R）：基于实力（绝对优势、比较优势）判断。

想做的业务（V）：基于企业使命等判断。

该做的业务（即战略定位，S）：筛选现有的业务；拓展潜在（“蓝海”）业务。

S＝f（E，R，V），如图1—1所示。

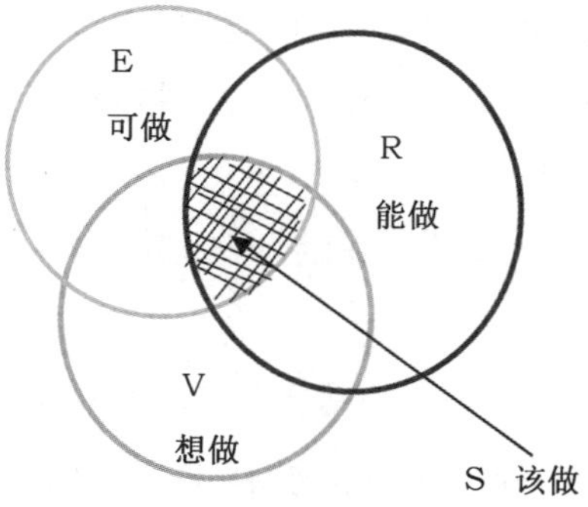

图1—1 企业战略定位分析

1.2 战略管理理论的演变与主要学派

（1）20世纪60～70年代的设计学派和计划学派

1962年，美国的钱德勒出版了《战略与结构》，阐述了环境、战略、组织结构的关系，提出“结构追随环境”的观点，认为战略要适应环境变化，组织结构又要适应战略的要求，随战略发展而变化。

1971年，哈佛商学院的安德鲁斯出版《公司战略概念》一书，提出了SWOT分析框架，把企业战略管理分为战略制定和战略实施两个过程。

设计学派的主要观点有：①战略形成是一个有意识、深思熟虑的思维过程。战略制定者必须经过正规训练才能掌握这一技能。②战略制定是企业最高层的任务，并由他们监督实施。③战略制定和战略执行是两个独立阶段，战略制定是一个思维过程，战略执行是行动过程。

目前大部分教科书和咨询业仍采用 SWOT 分析模型作为战略分析的核心内容，在外部机遇和自身能力之间保持平衡的观点在理论和实务方面都有很强的指导意义。设计学派的不足是将战略制定看作是静态的。

计划学派的代表人物是哈佛商学院的安索夫教授。他于 1965 年出版了《公司战略》，提出了构成战略的四个要素：产品与市场范围（或经营范围）、增长向量、协同效应、竞争优势。以协同效应为基础发展起来的协同战略成为企业并购和战略联盟的理论基础。

图 1—2 肯德基的战略

图 1—2 显示的是肯德基战略的案例，该图中，用椭圆圈住的三处文字由上至下分别表示肯德基战略中的经营范围、竞争优势、协同效应（包括内外部协同）。

计划学派的主要观点有：①战略制定是一个受控制、有意识的正式计划过程，该计划过程被分解成清晰的步骤，需详细描述，并由分析技术支持。②原则上，企业最高管理者是战略的设计师。③企业战略需要通过细致的目标、预算、程序和各种运营计划贯彻实施。

20 世纪六七十年代的战略管理理论体现了企业战略适应环境的重要性，注重分析环境、市场，把企业的经营活动看作是统一在战略指导下的相互关联的整体，提高了认识企业问题的水平。设计学派和计划学派提出了许多战略管理思想和指导原则，至今还在使用，如 SWOT 分析模型、协同战略等。

(2)20 世纪 80 年代的定位学派

1980 年，迈克尔·波特出版了《竞争战略》一书。他认为行业是企业经营最直接的环境，制定战略就是在产业中定位的过程，即首先选择利润水平较高的产业，然后在该产业中谋求有利的竞争地位。

波特提出用于产业结构分析的五力模型，进而提出三种通用竞争战略——总成本领先/低成本战略、差异化战略、市场细分/专一化战略。1985 年波特又出版了《竞争优势》一书，引入了价值链概念，用来系统分析和识别竞争优势的来源。他把企业经营活动分为基本活动和辅助活动。

波特的核心观点是：产业结构是决定企业盈利能力的关键因素，企业可以通过选择和执行一种基本战略影响产业中的五种作用力量(即产业结构)，以改善和加强企业的竞争地位，获取市场竞争优势。

定位学派特别强调分析企业外部环境，尤其分析行业结构，有时又被称为产业组织学派。

定位学派的主要观点有：①存在可供企业选择的三种通用战略，不能同时选择[①]。②制定战略时要注意分析环境，尤其要分析企业所处的产业结构。③产业结构决定企业战略，企业战略决定企业组织结构。

(3)20 世纪 90 年代的能力学派

1984 年沃纳菲尔特发表了《公司资源学说》一文，认为：对于获取和保持竞争优势，公司内部环境(和外部环境相比)具有决定性作用，企业内部的组织能力、资源和知识的积累是企业获得超额利润、保持竞争优势的关键。

1990 年普拉哈拉德等发表了《企业核心能力》一文，强调以协调企业生产、经营过程中的特有能力作为出发点，这是企业制定和实施竞争战略、保持可持续竞争能力的关键。

能力学派的主要观点有：①不是所有的能力都能构成竞争优势。②企业能力是制定战略的出发点。③企业拥有的核心能力是企业长期竞争优势的源泉。

---

① 在当代商业环境中可以同时选择某几种战略。

只有拥有价值创造性、延展(能力延展)性、难模仿性和难替代性的资源、知识和能力，才能形成企业竞争优势。④积累、保持、运用核心能力是企业的长期、根本性战略。

企业能力的差异决定了企业战略的差异，进而决定了企业竞争力的差异。

(4)其他战略管理学派

①企业家学派。战略是企业家的战略①，强调企业家的直觉、灵感、洞察力；在总体思路上是深思熟虑的，在具体细节方面可以随机应变。与设计学派和计划学派不同的是，企业家学派不认为甚至反对制定战略需要依赖严格精致的分析框架。

②认知学派。战略制定是战略管理者的认知过程；由于认知和信息的误差，战略可能被扭曲。

③学习学派。由于环境、认知等因素，战略管理是个学习过程，很难把战略制定和战略执行分割开来。高层管理者不再深思熟虑地制定战略，而是管理战略学习过程。

④权力学派。战略的形成是组织内部和外部的权力和政治斗争的过程。组织内部的斗争表现为说服、讨价还价，甚至直接对抗；外部斗争是组织采取控制或合作方法，如卡特尔②、战略联盟，实现组织发展。

⑤权力学派。战略形成是权力谈判及平衡的过程，制定战略不仅须注意行业环境、竞争力量等经济因素，还要注意利益团体、权力分享等政治因素。

⑥文化学派。战略制定是企业内的集体行为过程，建立在组织成员共同的信仰和价值观之上；企业文化可能会抵制组织的战略变革，因此战略变革应以文化改变为基础。

⑦环境学派。环境决定战略，战略必须适应环境，企业可以选择战略影响环境，制定战略本质上是一个反应过程。

美国学者詹姆斯·莫尔于 1996 年提出一种新的竞争战略形态——企业生态系统，提倡企业生活在一个丰富而协调的系统中，力求共同进化。例如海尔

---

① 较新的观点是，战略是全体成员的战略。

② 卡特尔模式指在寡头垄断条件下，几家寡头企业签订公开的正式协议，共同规定一个价格。

的创新“生态圈”，聚集大量小微企业和客户资源。

同年，纳尔巴夫等出版了《合作竞争》，认为企业活动是一种可以实现双赢的非零和博弈，提出竞合理论。

迈克尔·波特1998年发表了《产业集群与竞争》，肯定了产业集群对保持企业竞争优势的重要性，产业集群可使企业享受规模经济和范围经济的好处，企业之间的竞争体现在集群之间的竞争。

(5)战略观念

①传统战略观念。战略是企业高层管理者的责任；保持战略管理过程的正式性和刚性。

②战略的权变观念。战略是连续的决策和行动方式，可以是有意识、有计划的战略，也可以是权变、无计划的战略。

③战略的控制观念。企业的使命和长期目标是相对稳定的，战略是基于企业能力，处理特定变化的方式。

④战略的进化观念。战略须符合企业的设立目的；战略是目标导向的①；战略反映并引导企业经营的业务特征。

(6)战略管理原则

①适应环境原则。重视企业与外部环境的互动，使企业能够适应、利用和影响环境的变化。

②全过程管理原则。将战略的制定、实施、控制和评价等看作一个完整的过程加以管理，提高其有效性和效率。

③整体最优原则。

④企业全员参与原则。

⑤反馈修正原则。

(7)企业战略研究的原则与方法

①客观原则。也叫真实性原则，尊重事实，尊重客观规律。

②现实原则。面对现实，有问题意识。

③国际化原则与方法。建立国际化的参考体系，在全局中审视局部，在发

① 为组织目标而制定、实施战略。

展过程中判断阶段特性。

④综合化原则与方法。战略管理是一门综合学科，其中有心理学、经济学、社会学、管理学、哲学问题与研究方法，所以要从不同学科角度聚焦、丰富、深化战略管理研究。

还有一些软件工具可辅助战略研究和规划，例如 SAP 公司推出的 SEM (Strategy Enterprise Management)，以及其他战略信息系统（SIS）软件。

1.3　战略管理框架与战略管理构成要素

1.3.1　战略管理的基本框架

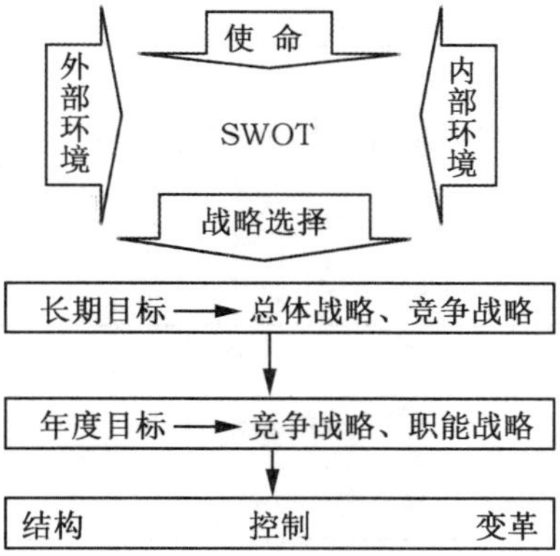

图 1—3　战略管理的基本框架

图 1—3 表明：基于企业使命，根据内外部环境进行 SWOT 分析，根据企业的长期目标选择企业的总体战略及竞争战略；在总体战略引导下，根据年度目标选择竞争战略及职能战略。战略影响、改变组织结构；战略引发企业变革（包括文化变革）；需要对战略实施加以控制。

1.3.2　战略管理的构成要素

战略管理是对确定战略和实现战略目标过程的管理。战略管理的构成要素(即战略管理涉及的工作)包括以下方面。

(1)业务要素

包括业务分析、规划业务布局、界定企业所属的行业和领域;描述企业的经营主线,避免定义得过宽或者过窄。按传统,用产品术语或技术术语界定企业的业务范围,而现在更多企业倾向于以市场为导向描述其业务范围。

(2)资源配置

配置的对象是内部资源和外部资源,配置的依据是营销策略的重心。可以在表1—1中配置资源。

表1—1　　资源配置表

	现有产品	新产品
现有市场		
新市场		

表1—2　　根据企业的能力选择资源配置方案

内涵发展 ↓（现有产品）　　技术开发优势 ↓（新产品）

	现有产品	新产品
现有市场	市场渗透	产品开发
新市场	市场拓展	多元化

↑ 营销能力强（市场拓展）　　↑ 企业实力强（多元化）

表1—2表明,例如,如果企业的营销能力强,可以选择市场拓展方案,把较多的资源配置到市场拓展方面。再如,如果企业的技术开发能力强,可以选择产品开发方案,把较多的资源配置到产品开发方面。

(3)构建竞争优势(见图1—4)

(4)协同作用:部门间的协同、合作企业间的协同

协同作用强调对企业资源的有效利用和合理整合,体现在三个方面:使用共同的销售渠道;分摊运营费用;分享管理经验与技能。

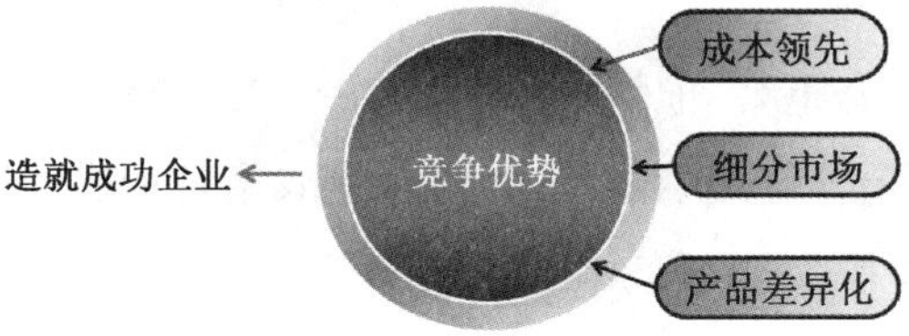

图 1—4　波特竞争优势模型

1.4　战略管理过程

图 1—5 和图 1—6 从不同角度描绘了企业战略管理的基本过程。

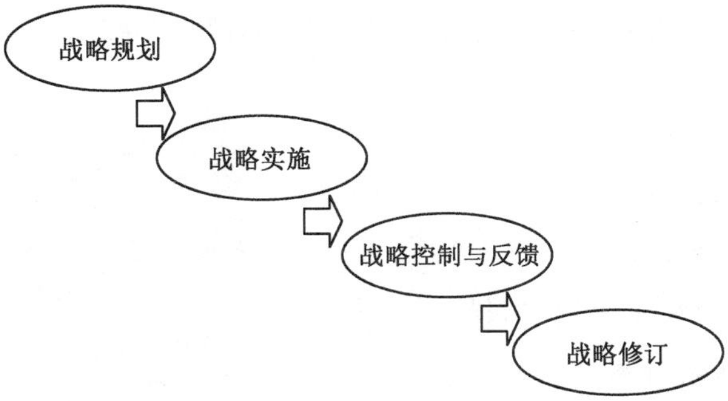

图 1—5　战略管理的基本过程(A)

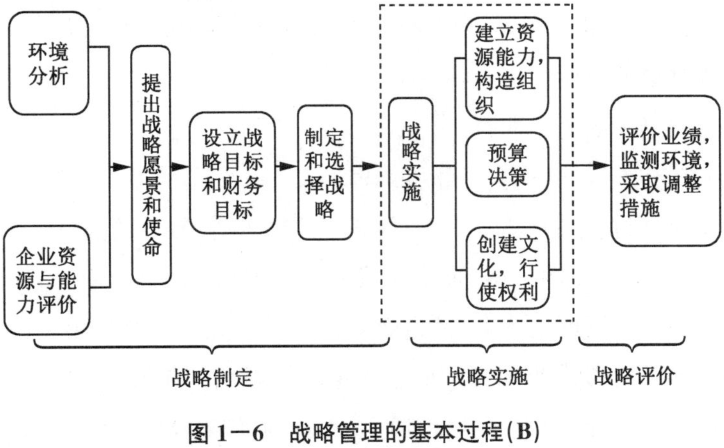

图 1—6　战略管理的基本过程(B)

图 1－6 中，战略制定与图 1－5 中的战略规划有重叠；战略评价与图 1－5 中的战略控制、修订有重叠，前者（战略评价、有无偏差）是后者（控制、修订）的基础和依据。下面结合这两幅图示，分析企业战略管理过程。

（1）战略规划阶段

第一步，分析企业内外部环境，进行 SWOT 分析，匹配出备选战略。

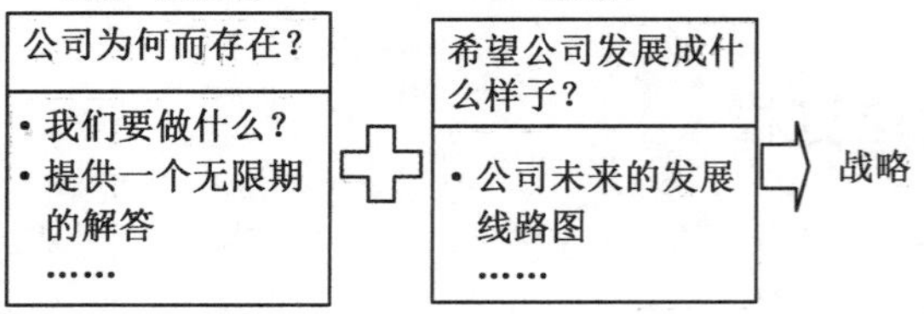

图 1－7　企业使命、愿景与企业战略的简单关系

第二步，设置企业的战略目标。战略目标是企业增强和改善其市场地位、竞争能力和未来经营的绩效指标。除非公司发生财务危机，危及企业生存，否则完成战略目标总优于完成财务目标。对战略目标的要求如下：

①使目标主题明确。

②目标需可测量、可考核（完成什么、完成多少、何时完成、质量如何等）——我们难以管理那些无法测量的东西。

③有实现目标的明确期限。

④目标富有挑战性、现实性和可操作性。

第三步，制定企业的战略——评估备选战略，选择较佳的战略。

企业战略（这里特指公司/企业层战略）是为实现企业使命和目标服务的，它是指导企业经营管理的蓝图，是企业经营者从企业发展全局出发而做出的较长时期的总体谋划和活动纲领。企业制定战略是为了解决自身面临的三个基本问题：一是面对条件变化可能带来的威胁，企业应当做出什么样的反应，并利用新的机会，减少外界条件变化带来的不良影响；二是如何分配资源；三是如何与同行业企业竞争。

在选择战略时需要注意的是，公司战略不仅须遵守法律法规，还应符合伦理和道德标准。

(2)战略实施阶段

通过制订和执行中间计划、行动方案、预算和实施程序，实施各个层次的战略。企业层战略的实施是通过各种职能战略的实施、协调而完成的。

图 1—6 中，在战略实施这一部分，除了构造组织的措施，也可采用变革组织的措施。原来的企业文化可能成为阻力，所以须变革文化，创建服务于战略实施的文化。

(3)战略控制与反馈/战略评价阶段

检验战略成功与否的三个标准是：

①适合度。与公司整体环境(包括外部和内部环境)吻合。

②竞争优势。好的战略能使公司建立可持续的竞争优势。

③绩效。好的战略能提升公司绩效，包括利润、市场地位和客户满意度。尤其要看长期绩效[①](更能体现战略效果)，不能只看短期财务指标——可能受其他短期因素影响。

案例

佳通轮胎公司的战略调整与实施

佳通轮胎是总部位于新加坡的一家公司。1998 年，该公司通过分析认为，自身的软肋在渠道。虽然它在中国的许多地方都有经销商，但产品销售速度非常慢。原因是经销商们有自己的打算，不仅销售佳通轮胎，也销售其他牌子的轮胎，哪个厂家的折扣多，他们就大力宣传哪家的品牌。

于是，佳通轮胎公司于当年做了一个大胆的决定——把经销权收回，自己经销。它先后在全国培养了 30 多个经销组，以前的经销商变成了分销商。在 1998～1999 年，上述战略的执行成本急速上升，但销售没有上升。一般来说，实

① 笔者的一本著作《中国企业应对国际金融危机的战略管理研究(2008～2015 年)》即在 7 年后回顾和评价若干中国企业的战略管理效果，参见书末参考文献中的信息。

施一项战略时，其效果不会立竿见影，企业必须有此心理准备。

佳通轮胎公司有这样的心理准备。2000 年，其成本还在上涨，但销售已有一些上升的趋势，利润也开始增长。到 2001 年，成本停止增长，但销售急速增长，也就在这一年，该公司一跃而起，成为中国生产和销售轮胎最多的企业。①

评价当前战略的指标：公司业绩水平是否超过行业平均水平，净利润、利润率、股价，企业形象的变化情况，以及与对手比较的情况。如果公司不能实现目标且行动落后于对手，那么公司制定的战略很可能不合理，或者执行战略不力，或者两者兼而有之。这时要么根据内外环境调整现行战略，要么调整内部资源，增强执行力。调整现行的战略，可能包括调整战略目标、预期业绩，具体如图 1—8 所示。

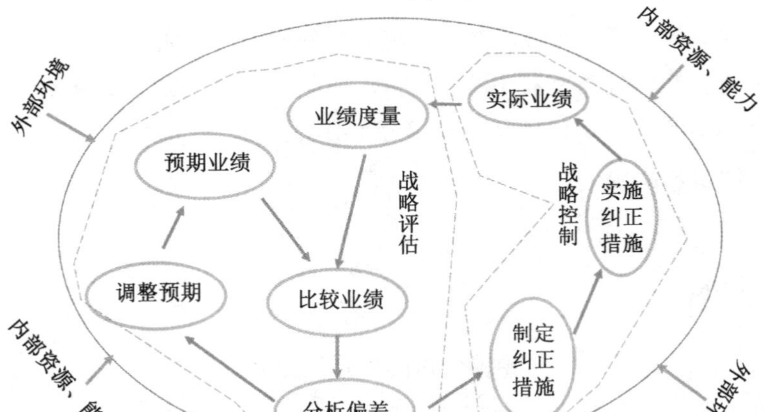

图 1—8　战略评价、控制与修订

(4)战略修订阶段

战略评价是战略控制的基础。战略评价包括企业内外环境评价，战略执行评价，实际业绩与预期业绩比较，分析偏差，然后采取措施进行战略控制。

企业的内外环境不断发生变化，当变化积累到一定程度时，原有的成功战

① 莫少昆. 企业战略决策[M]. 北京：东方出版社，2007.

略就会过时(因此不能路径依赖)。即使战略基础未发生变化,战略制定也很成功,但在战略执行过程中,企业绩效可能与目标偏离,根据偏离是否在允许范围内,决定完善战略或者变革战略。如果战略制定很成功,战略执行也很成功,通过战略评价可继续执行原战略。

战略修订包括局部修订、职能战略修订、总体战略修订和滚动修订。滚动修订是一种动态修订方法,在每次修订或调整战略时,均将总体战略规划向前推进一个时期,即向前滚动一次。它也是一种定期修订战略的方法,按照“近细远粗”的原则,根据战略的执行情况和环境变化,调整和修订未来的战略,并逐期向前移动。滚动修订把近期战略、中期战略和长期战略较好地结合起来。

1.5　企业战略层次

战略分公司/企业层战略、业务层战略/经营战略/竞争战略、职能层战略(运营层战略)。职能部门包括生产部门/工厂、财务部门、物流部门等。运营层包括车间、小组等基层组织。

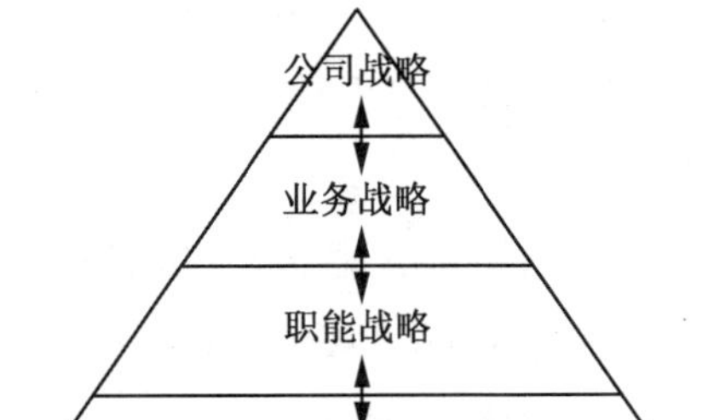

图 1—9　多元化公司的战略层次

图 1—9 中的向上箭头(即向上影响)不仅指执行战略过程中的反馈,还有对上层战略制定的贡献(出谋划策,全员的战略)。

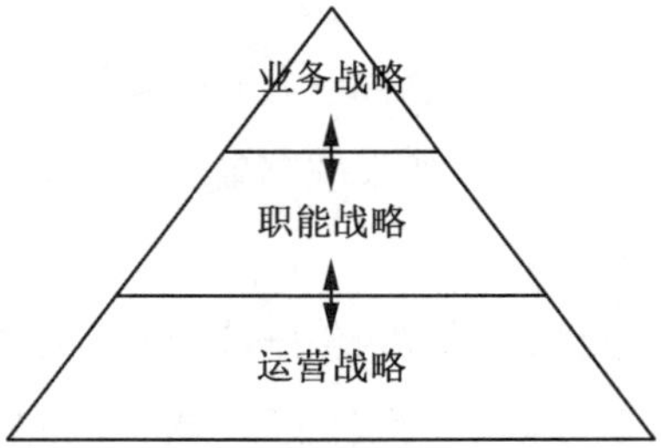

图 1－10　单一业务公司的战略层次

1.5.1　公司层战略

公司层战略是企业最高管理层为整个企业确定的长期目标和发展方向。公司层战略的主要任务是确定企业的业务组合，合理安排各类业务的比重和作用、各类业务之间的关系，以及这些业务在战略期内的发展方向。

(1)公司层战略内容

公司层战略决定企业整体的业务组合和核心业务，保持企业的综合竞争优势；保持、缩减或淘汰原有业务，进入、发展新业务；确定各战略业务单位及对各战略业务单位的资源分配方式和次序；设计对重大、关键环境变化及时做出战略变革决策和及时行动的机制。公司层战略需要有较大的灵活性，公司最高层应该只决定战略框架和大致的资源分配，给业务层更大的授权。

(2)公司层战略类型

①进攻型战略。鼓励某些业务迅速发展，拓展新的业务。进攻型战略包括：产品—市场战略（市场渗透、产品开发、市场开发、多元化）、集中发展（单一业务、主营业务）战略、一体化战略、并购战略等。

②防御型战略：保持原有业务组合和资源分配方式，或抑制某些业务的发展，甚至在一段时间内减缓企业的发展（在十分不利的外部环境中应对风险的战略）。防御型战略的措施包括：暂停、抽资、（产量）无增、微增、阻击型防守、反应式防御、维持利润等。

③撤退型战略：对业务组合作较大调整，退出某些业务。撤退型战略的措施包括：适应性撤退、失败性撤退、调整性撤退、转向、放弃、依附、破产等。

④混合型战略。以上三种战略的组合，包括同一类型的战略组合、不同类

型的战略组合、同时性战略组合、顺序性战略组合。

(3)公司战略的特征

①全局性。纲领性的规划和设计，决定公司的一切经营活动。以公司的全局为研究对象，确定公司的总体目标，规定公司的总体行动，追求公司的总体绩效。

②长远性。往往是 5 年及以上的战略。公司战略的着眼点是公司的未来而不是现在，是为了谋求公司的长远利益而不是眼前利益。

③稳定性。相对稳定，尽量避免突变和朝三暮四。

④风险性。公司战略关系到公司的未来，而未来具有不确定性，还有机会成本因素，因而公司战略具有风险性。

1.5.2　业务层战略

业务层战略又称竞争战略，即各战略业务单位/子公司，根据公司层战略决定的业务组合和各业务的地位、发展方向，思考本业务对实现公司层战略可做出的贡献，思考本业务活动与公司其他业务的关系。

业务层战略决定本业务的发展方向和发展远景，决定本业务的涵盖范围、用户、市场、产品、技术等，决定业务的核心活动、基本竞争战略等，确定本业务的具体竞争方式和资源使用重点。

业务层战略思考本业务内各项职能活动对本业务取得成功的作用，思考在本业务内分配和平衡资源的方式，建立本业务内各项活动使用资源的控制和评价机制，制订本业务的发展计划、人员计划及活动进程，协调和平衡本业务的各职能战略。

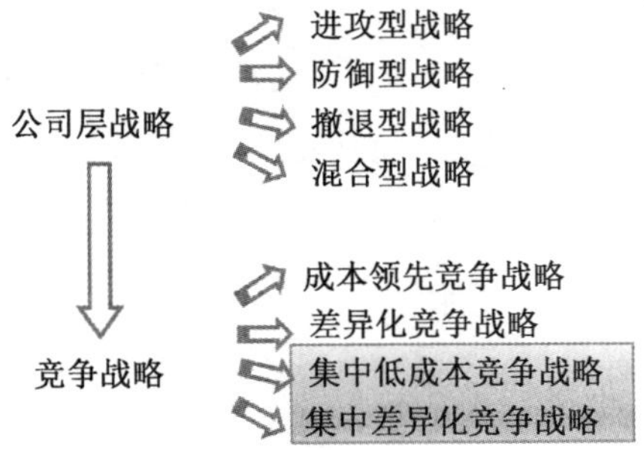

图 1—11　企业战略架构

图 1—11 表明,上层战略决定指导下层战略。

1.5.3 职能层战略

职能层战略按照公司层战略或业务层战略,策划职能活动的发展方向,并管理职能活动。相对于上两层战略,职能层战略的内容详细、具体得多。公司层战略或业务层战略通过各职能活动得以具体落实。

重要的职能战略包括:采购战略、生产战略、产品战略、营销战略、服务战略、财务战略、人力资源战略、技术战略等。职能层战略是企业战略管理的基础,职能层战略支持业务层战略,业务层战略支持公司层战略。

公司高层管理者在战略制定过程中扮演重要角色。随着公司规模扩大,跨职能、跨部门的业务增多,单靠公司的高层制定战略显然是不行的。在市场导向、顾客导向、外部环境快速变化的情况中,高层经理把战略制定权委派给公司的中、基层经理,让他们负责各自领域的战略制定和执行,显得更科学、更有效,并且符合目标管理的思想。

在企业内的层级合作方面,三种制定战略的方法是:自上而下进行,上级战略指导下级战略;自下而上进行,下级向上级反馈,上级汇集战略思想、战略规划,在此基础上制定本级的战略;结合上述两种方法制定战略。

1.6 企业战略目标

(1)企业战略目标构成

企业战略目标构成如图 1—12 所示。一般不可能在一个战略中满足图 1—12中的所有目标,只能满足一部分。

(2)战略目标分类

战略目标分类如表 1—3 所示。

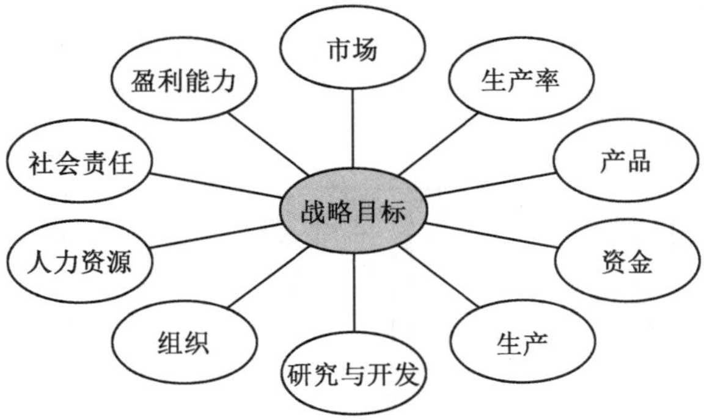

图 1—12　企业战略目标构成

表 1—3　战略目标分类

分类	目标项目	目标项目构成
业绩目标	收益性	资本利润率、销售利润率、资本周转率
	成长性	销售额成长率、市场占有率、利润增长率
	稳定性	自有资本比率、附加价值增长率、盈亏平衡点
能力目标	综合研究开发能力	战略决策能力、集团组织能力、企业文化、新产品比率、技术创新能力、专利数量
	生产制造	生产能力、质量水平、合同执行率、成本降低率
	市场营销	推销能力、市场开发能力、服务水平
	人事组织	职工安定率、职务安排合理性、直接间接人员比
	财务能力	资金筹集能力、资金运用效率
社会贡献目标	顾客	提高产品质量、降低产品价格、提高服务水平
	股东	分红率、股票价格、股票收益
	职工	工资水平、职工福利、能力开发、士气
	社区	公害防治程度、利益返还率、就业机会、企业形象

(3)企业战略目标层级

企业战略目标层级如图 1—13 所示。

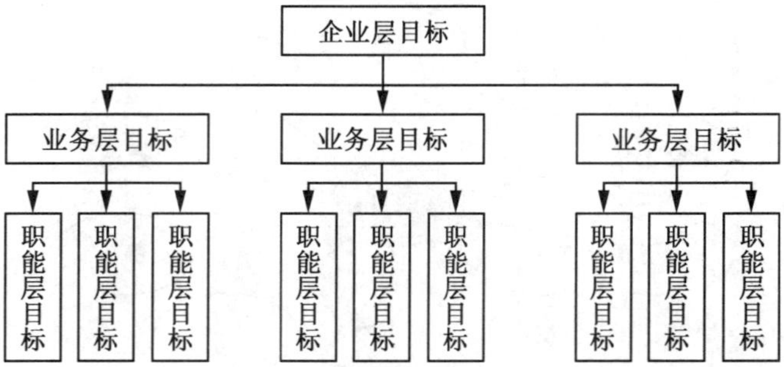

图 1—13　企业战略目标层级

第2章　企业外部环境分析

任何企业都是在特定的环境中活动和竞争，因此遵循“物竞天择，适者生存”的规律，接受环境的选择。现代企业经营的实质，就是在复杂多变的内外部环境条件下，解决企业的外部环境、内部条件和经营目标三者之间的动态平衡问题。

查尔斯·达尔文说：“能够生存者，不是那些最顽强的物种，也不是那些最有智慧的物种，而是那些能够对变化做出正确反应的物种。”据一部分科学家的研究，有力量、有智慧的恐龙曾是地球上的统治者，但是它们未能伴随地球的演变生存下来。

外部环境分析包括一般环境（宏观环境）和行业环境（任务环境）分析。一般，至少需要这四方面的信息，方能制定企业的战略：国内外宏观经济信息、国内外行业发展信息、国内外竞争对手信息、本企业各方面的信息（见图2—1）。企业的利益相关者见图2—2。

2.1　一般环境

一般环境分析涉及：政治、法律环境，经济环境，社会、文化环境，科技环境，自然环境。

一般环境的构成如图2—3所示。

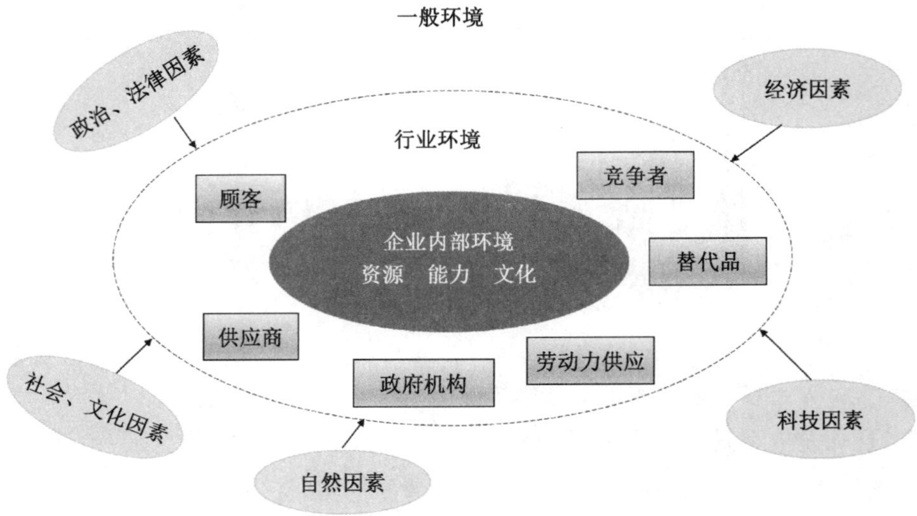

图 2—1　企业环境结构

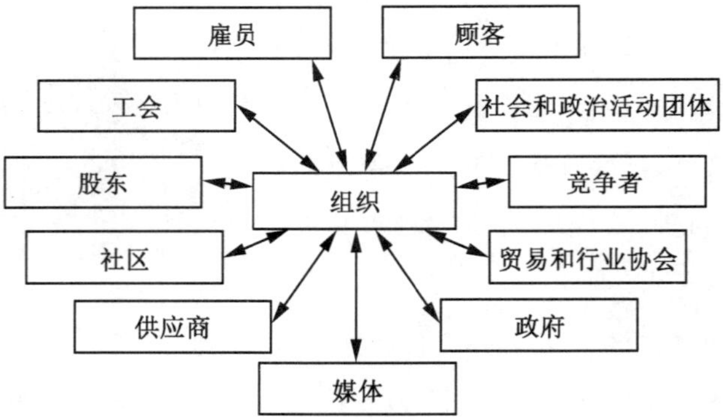

图 2—2　企业的利益相关者

一般环境的特征包括：不可控性、非歧视性、持久性、规律性。不可控指企业不可控制一般环境，一家企业往往不能控制一般环境。既然难以控制，那么正确的做法就是适应。一般环境的非歧视性指一般环境对处于该环境中的各个企业的影响是相似的，其提供的机会和设置的约束针对的是所有企业。这种非歧视性不是绝对的，例如政策、法律等带有偏向性。

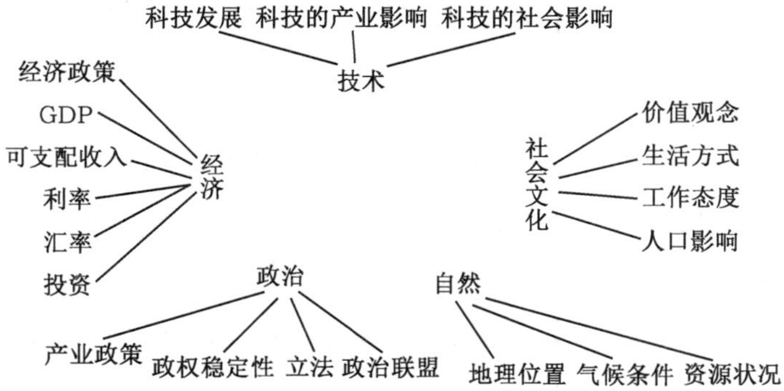

图 2—3　一般环境的构成

(1)政治、法律环境

政治、法律环境指一国或地区的政治制度、体制、方针政策、法律法规等因素，这些因素常常影响着企业的经营行为，尤其影响企业较长期的投资行为。政治、法律环境对企业有双重影响：鼓励和支持；约束和限制。例如《公司法》既鼓励企业的合法经营，又制裁不合法经营；《知识产权法》支持企业维护自身的利益，打击侵权行为；《广告法》保护企业依法做广告，约束企业的虚假广告和夸大广告；战略性新兴产业政策倾向一部分企业时，可能限制了另一部分企业的机会；等等。

影响政治、法律环境的因素有：政权的稳定性、立法系统、政治联盟、产业政策等。

立法系统关系到企业的行为规范界限、企业间关系的调节和处置方式，以及对企业利益的承认和保护程度。有关的一些法律：公司法、破产法、劳动法、环境保护法、专利法、合同法、反不正当竞争法等。

政治联盟包括国内外的政治联盟，例如北约、欧盟这些国际层面的联盟必然影响其成员国的政治、法律环境，甚至也影响非成员国的政治环境。

产业政策是一般环境中最受企业重视的。产业政策决定了不同时期鼓励和约束产业的方向、范围和力度，如政府对产业布局的安排、各种财政金融政策等直接影响企业的投资成本，产业准入条件又决定了企业投资范围，并形成行业壁垒。

(2)经济环境

经济环境是企业最直接感受到的环境，经济环境因素构成如下。

①经济发展阶段：萧条、停滞、复苏、增长。通过经济总量(GNP、GDP)分析，判断国家是处于增长、调整、紧缩还是衰退时期。

②经济发展速度：因素①和②影响企业的发展空间与发展速度。

③消费、储蓄倾向。

④消费支出方式的变化。

⑤利率、汇率和投资收益率等金融情况和政策对企业投资决策影响很大。一方面影响物价水平、资金供应等情况，直接影响社会总购买力；还会影响企业投资成本，进而影响盈利水平。

(3)社会、文化环境

社会、文化环境由企业所在国家或地区中社会成员的分布、爱好、信仰、家庭文化、教育水平、生活方式、风俗习惯，以及人们的道德和价值观等因素构成。

社会、文化环境由人口、文化、价值观等组成。

①人口。人口增长速度、年龄结构变化、家庭结构变化、人口地理变化、教育结构变化、民族及种族构成变化。人口影响表现在人口数量、结构、分布、质量等对企业劳动力构成、劳动力成本、劳动力质量以及市场需求等的影响。

②文化。语言、文字、礼仪、生活方式、风俗习惯。生活方式不但影响消费者对商品和服务的需求量和需求结构，还影响人们对不同产业的看法和评价。

③价值观。核心价值观、从属价值观(对自己的看法、对他人的看法、对社会的看法、对自然的看法、对世界的看法等)。价值观直接影响人的行为，影响人们对财富、分配、成功的态度，也直接影响人们的工作态度。

我国近几年社会环境的主要变化有：消费者的价值观念更新，老龄化趋势明显，“二胎”政策放开，购买力大大提升，教育支出大幅增加，娱乐休闲支出大幅增加，奢侈品消费增加，网上购物、电子支付比例快速上升……

(4)科技环境

科技环境的趋势：技术发展速度加快，技术更新周期、成果转化周期不断缩

短；研究开发费用投入不断加大。我国信息技术、生物技术、新型材料、空间技术等发展迅猛。随着全球化、信息化、数字化时代的到来，人类以遍布全球的网络为基础，超越时空限制交流信息，使传统社会转型为“e 社会”(Electronic Society)。

一些新科技在当代得到了很好的运用。在 2016 年的“双 11”大战中，阿里巴巴在 24 小时内完成了2 135亿元的交易额，这得益于以飞天技术平台为基础的技术架构的支撑。该平台支持海量用户对网站和手机 APP 服务端的同时访问，可完成每秒钟 17.5 万笔交易订单和 12 万笔支付。

我国的“神威・太湖之光”(此名源于相关的研究机构设于太湖之畔)采用全国产综合处理器，是世界首台性能超过 10 亿亿次并行规模超千万核的新型超级计算机，1 分钟的计算量相当于 72 亿人计算 32 年。

技术进步给某些企业提供了发展机会，也会给另一些企业带来威胁，甚至是灭顶之灾；某些新技术的出现会催生一个新行业，也可能摧毁一个传统行业。例如 U 盘代替了磁盘和光盘，打印机代替了打字机。

技术对企业的影响可能是累积渐进式的，也可能是突破性、革命性的。技术环境对企业的影响表现为技术进步对生产力、产品发展速度以及消费观念、消费习惯、生活方式等的影响。企业制定战略时一定要搞清楚企业所处行业的技术的目前状况和未来发展趋势。

对上述四个方面的环境，即可采用 PEST 分析方法。

①政治法律环境(Political)。主要分析影响企业的政治、法律因素，如外交政策、产业政策、环境保护，以及关税和进出口限制等。

②经济环境(Economic)。主要分析影响企业的经济特征、经济联系、经济条件等，如劳动生产率水平、消费模式、货币市场模式、税率、通货膨胀。

③社会文化及自然环境(Social)。主要分析影响企业的民族特征、文化传统、价值观、宗教信仰、社会结构、教育水平、风俗习惯等社会因素，以及地区或市场的地理、气候、资源、生态等。

④技术环境(Technological)。主要分析影响企业的技术水平、技术政策、

技术发展动态、研发能力、产品生命周期等因素。

案例

美国需要一个什么样的杜邦，杜邦就会成为一个什么样的杜邦

几乎和美国历史等长的杜邦，在某种程度上，其历史就是一部微缩的美国历史。1802 年杜邦刚成立时，美国正处于生机勃勃而又动荡不安的年代，无论战争还是开拓，都需要火药，而杜邦的前 100 年就是一家火药工厂。

第一次世界大战结束后，杜邦确立了新目标：为美国消费者服务。美国当时已进入消费时代。20 世纪 20 年代，美国人找到了享乐的新方式，杜邦为此推出了参与新兴休闲活动需要的各种用品，帮助美国人更好地享受生活。

杜邦通过分析一般环境的变化，使自身的发展与一般环境紧密结合。

资料来源：搜狐财经. 杜邦：转型与自我塑造[OL]. 2015—10—10.

2.2 产业环境

分析产业环境的目的是：分析产业结构、竞争态势和企业获利水平之间的关系；根据产业的投资回收能力评价产业的吸引力；根据产业结构的变化趋势预测其未来获利能力的变化；帮助企业寻找和利用影响产业结构的机会；分析顾客需求的特点，明确产业内的关键成功因素，并创造和维持企业的竞争优势。

2.2.1 产业生命周期分析方法

使用定性方法分析产业生命周期。定性分析指根据经验、资料判断产业阶段，例如对引入期/萌芽期可作定性判断。

定量分析方法：用产品销售增长率划分产业阶段，即用 ΔY（销售量增量）/ΔX（时间增量）判断产业生命周期。

$\Delta Y/\Delta X>10\%$时，判定产业处于成长期；

$\Delta Y/\Delta X$ 在 $1\%\sim10\%$时，产业处于成熟期；

$\Delta Y/\Delta X<1\%$时，产业进入衰退期。

确定企业所在产业的生命周期阶段，然后有针对性地制定企业的战略。

2.2.2　产业五力分析法

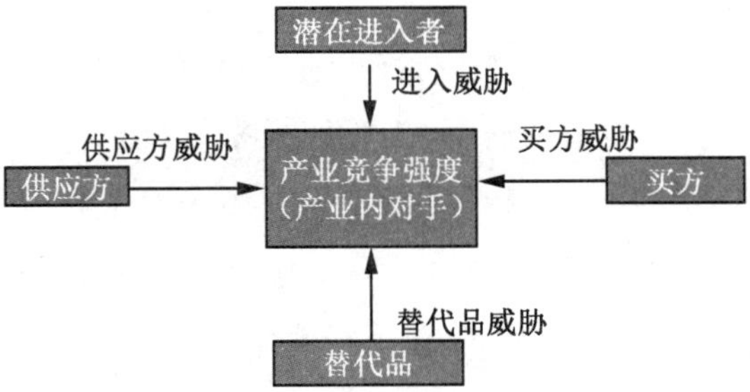

图 2—4　产业五力/因素分析模型

图 2—4 中，供应方、买方对本企业的威胁可能是讨价还价。潜在进入者的威胁如抢夺市场份额，降低行业的获利水平。

(1)分析本行业内现有企业之间的竞争强度，分析内容与角度如下：

①行业发展速度。行业发展速度慢，竞争相对较激烈，因为要抢占比较有限的市场；行业发展速度快，竞争相对较缓和，因为市场扩张较快，市场较大，企业先关注容易争取的客户，而不是互相争抢。

②现有竞争企业的数量。数量越多，竞争越激烈。

③现有竞争企业的力量对比。差距悬殊，竞争相对较缓和；力量均衡，竞争相对较激烈。

④分析竞争对手和本企业的成本结构。

⑤产品差异。差异化程度小，需要争夺同一顾客群，竞争相对较激烈；差异化程度大，竞争相对较缓和。

⑥退出障碍和转移成本。退出成本高，竞争相对较激烈；退出成本低，竞争相对较缓和。较大的退出障碍使成熟产业中的许多企业选择留在原产业，导致它们处于激烈的竞争态势中。退出障碍主要有：制度障碍，例如政治制度的束缚；信息障碍，例如占有的信息不足，难以判断退出后的结果，因而不敢退出；经济障碍，例如受资产专用性影响；情绪影响，例如雷曼兄弟公司总裁在金融危机

期间连出售部分股权都难以接受，而且盲目自信，认为雷曼一定能像以往那样渡过难关。

⑦分析竞争对手和本企业的生产能力扩大方式。

⑧分析竞争者类型。

⑨综合反映企业竞争实力的指标。企业发展能力可由销售增长速度反映；企业获利能力的组合指标是利润率、投资回报率；市场竞争能力最直接的指标是市场占有率。考虑以上三个指标，识别同一类企业中有竞争力的企业，将其作为主要竞争对手；根据企业自身的竞争实力，确定应对竞争对手的战略。

⑩关键成功因素（KSF）。企业在市场竞争中获胜的关键因素有：资源、生产能力、分销能力、供应链整合能力、产品竞争力、市场份额等。企业须识别出所在行业的 KSF，然后分析自身的资源、能力是否满足这些 KSF 的要求。如果满足，应保持，或加大投入，强化这些能力；如果不满足，可通过内部加强、外部购买、战略联盟或投资控股等方式加强。

回答以下三个问题便于识别 KSF：哪些产品特征是客户最关注的？对手的哪些资源和能力使其获得成功？对手的哪些缺点使其日渐衰落？筛选出最重要的两三个 KSF，作为企业制定战略的依据。调动各种资源，强化各种能力，努力为这两三个 KSF 建立特殊优势，可使企业获得持续的竞争优势。低价是超市行业的 KSF，因此沃尔玛在采购、运输、配送等方面不断强化其特殊优势。规模优势是钢铁行业的 KSF。另参见 3.2.2 小节。

案例

某地涂料市场成长很快，令许多企业跃跃欲试，它们也想进入该市场。该市场的在位企业中，立邦漆是龙头老大，其市场份额接近 50%，并且很稳定。一家有雄心也有智慧的小企业对欲进入的这个市场做了以下准备工作。

一、分析立邦漆购买者的动机，结果显示，购买者欣赏立邦漆的质量和品牌，不过对其价格不太满意。二、分析立邦漆的销售情况，结果显示，其畅销产品只有 5 种。三、走访立邦漆的代理商和未代理立邦漆的经销商，结果显示，由于立邦漆的种类多，资金需求大，库存也是一个问题。四、走访未购买立邦漆的消费者，结果显示，他们更看重内在质量，对品牌看得不是很重。

经过上述细致的调研、分析后，该小企业做出如下战略选择。

一、生产与立邦漆同样质量的产品，并通过权威机构和宣传手段使消费者认同其质量。二、只生产上述的 5 种畅销产品，这样，品种少、产量大，管理工作更容易，库存下降，成本下降。三、定价是立邦漆的 2/3，吸引实惠型消费者（上述第四项分析提供的启发）。

经过几年努力的战略实施，该企业占据了该市场 1/3 的份额。①

（2）用战略群地图判断竞争者市场地位

战略群地图反映的是行业中具有相似战略取向和相似市场地位的公司的聚合情况。

确定行业内不同企业的竞争特点（例如价位、档次、覆盖区域、销售量、利润），把这些特点看作变量，选择两个变量作为维度，建立二维空间。坐标轴需不相关，选择的变量需能区别竞争者不同的市场地位；变量可以是不连续的。具有相同战略空间的企业被安排在相同的战略群，每个战略群用圆表示，圆的大小代表其在行业销售额中的份额。可以划出一系列战略群地图，从不同角度揭示竞争关系。

不同战略群的利润潜力由每个战略群的市场地位决定。五力模型中 5 种力量对不同战略群的影响明显不同。战略群内企业是最直接、最激烈的竞争对手，例如，零售业内的沃尔玛、家乐福、凯马特（见图 2－5），家电连锁业内的国美、苏宁、永乐。战略群越接近，群之间的竞争越激烈。距离远的战略群的企业之间几乎没有什么竞争，因为它们在顾客、价位、质量方面的差别很大。

（3）分析企业进入一个行业需要面临的障碍——对在位企业而言就是分析（潜在）进入者的情况

①产业有明显的规模经济作用。对该产业的现有企业（尤其大中型企业）有利，对欲进入者和新进入者不利。

②产业内现有企业的独特产品。对进入者是一个挑战。

③对资本量的要求。资本需求高则抬高了进入门槛。

---

① 郑玉香.市场营销学新论[M].北京：北京大学出版社，中国林业大学出版社，2007.

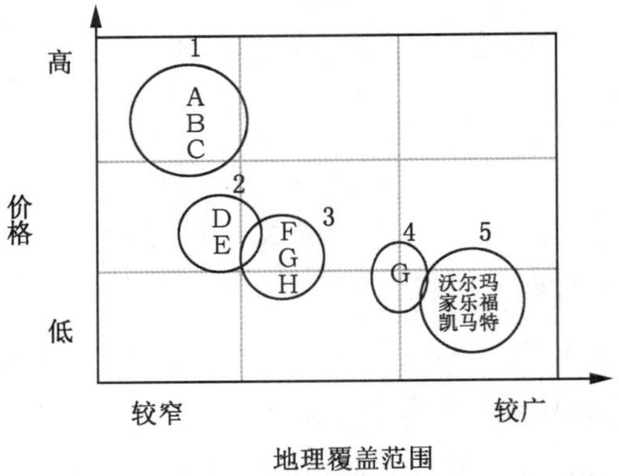

图 2—5　战略群地图示例

④较高的转移成本。转移成本(switching cost)是消费者在购买另一种商品以取代原有商品的过渡过程中需要付出的额外费用。转移成本是对客户的路径依赖程度和锁定程度的衡量。当产品和技术的标准化还不完善的时候(或者说系统之间不兼容时),消费者和企业客户如果从一个产品/服务(系统)转移到另一个产品/服务(系统),他们将面临诸多障碍。转移成本的例子有:(专用)固定资产、人力资源处置等。

⑤产业内企业对分销渠道的支配。产业内在位企业对分销渠道的控制也可能是纵向一体化或战略联盟的结果,迫使潜在进入者在更大范围与现有企业竞争。

案例

经历第一次失败后,三星集团第二次携专为中国市场研制的激光打印机卷土重来,并辅以铺天盖地的广告宣传。三星设想,"广告轰炸→大量用户购买→渠道跟风进货"的局面可以自然形成。然而三星忽略了中国激光打印机市场当时几乎被惠普、联想等少数几家公司垄断的现实,没有构建起属于自己的渠道体系,三星不得不第二次"鸣金收兵"。(三星第三次进军中国激光打印机市场成功了)

⑥产业内企业的共同抵制。

⑦政府政策支持。政策开放、宽松，对进入者有利；政策收紧，偏向在位企业，对进入者不利。

⑧成本优劣势。比较产业内现有企业与进入企业的成本优劣势。

⑨典型的潜在进入者。能克服进入障碍的企业；与产业内企业有明显协同关系的企业（有“内应”）；将对该产业的投资视为其战略发展过程的企业（有很大的决心）。[①]

市场进入及退出障碍与企业获利能力的关系见图 2—6。

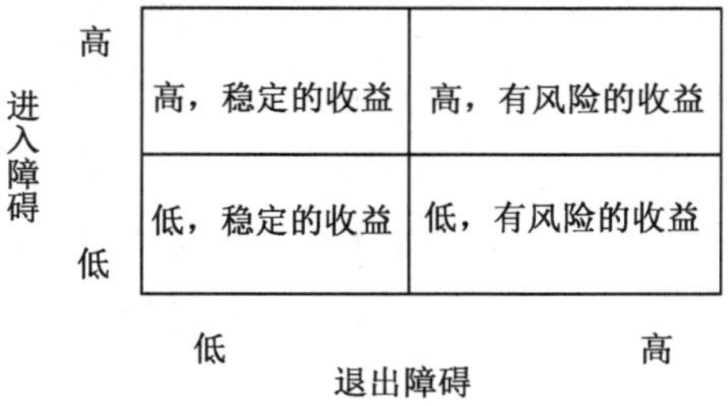

图 2—6　市场进入及退出障碍与企业获利能力的关系

不过，图 2—6 描述的关系也并非绝对正确。例如，进入障碍高并非高收益的保证，退出障碍低亦非稳定收益的保证。

(4)分析供应商的产业价值占有力

①产业内供应商的集中程度。越集中，对其客户企业形成的压力越大。大供应商如英特尔、微软、高通，其话语权强，在价值链中占有更多利润，侵蚀客户企业的利润。

②供应商前向一体化的可能性。可能性越大，越能取代其客户企业，价值占有力越强。

③供应物的差异性。与一般的商品相比，(有价值的)差异性越大，其供应商讨价还价的资本越多。

④供应物的替代情况。越难替代，供应商的产业价值占有力越强。

---

① 打入海外市场的情况与此相似。

⑤供应物对客户企业业务成功的重要性。越重要，则供应商的产业价值占有力越强。

应对产业地位较强的供应商的策略：寻找和开发备选供应商，减少对任何一个供应商的过分依赖；积极寻找替代品；向供应商表明本企业有后向一体化的能力；选择一些相对较小的供应商，增强供应商对本企业的依赖性。

顾客与供应商之间的关系是竞争关系和合作关系。竞争关系是获得的利益此涨彼消，两方博弈。顾客通过更换供应商等手段获得优势，供应商通过增加转移成本等手段应对顾客，双方讨价还价。合作关系则是通过互利合作，能达成双赢局面；组成战略合作伙伴关系，以一条供应链和另一条供应链展开竞争，链上企业共享信息、共担风险、共同获利，共同获得竞争优势。例如丰田公司与供应商合作，实现即时制（JIT）生产；客户企业与供应商相互投资参股；大客户、实力强的客户企业助推供应商发展（完善内部管理，提高经营效率，降低成本，开发新产品、新服务等）——客户亦能从中得益。

竞争和合作关系的对比见表2—1。

表2—1　　客户与供应商之间竞争和合作关系的对比

	竞争	合作
供应商数量	多	少
两者关系	短期、买卖关系	长期、合作伙伴关系
两者沟通	采购部与销售部	多个部门沟通
信息交流	订货信息	生产、销售、订货等
价格谈判	尽可能的低/高	互惠价格，双赢
供应商对顾客的支持	少	提出建议等
顾客对供应商的支持	少	技术、管理、资金支持
对外竞争	独自面对对手	共同面对竞争对手

表2—1表示，供应商数量多，可能导致客户与供应商形成竞争关系；供应商数量少，则可能形成合作关系。不同的关系导致双方之间不同的表现。在竞争局面中，客户与供应商谈判价格时，客户希望供应物的价格尽可能低，供应商

则希望尽可能高。在合作关系中,双方交流生产、销售、订货等信息,有利于双方降低经营风险,降低不稳定性。

(5)分析买方

市场需求分析:总需求分析,需求结构分析,购买力分析。

分析买方的产业价值占有力:买方集中程度和进货批量;买方成本结构;买方转移成本(买房转移成本越小,价值占有力越强);买方后向一体化的可能性。买方集中度高,则采购时话语权强,例如我国提高钢铁企业的集中度,以增强我国钢铁企业在国际铁矿石市场的话语权;批量大,则受供应商争抢。

(6)替代产品分析

替代品是指能提供相同或类似功能的产品。替代品使客户对产品有了选择的余地,如果现有产品的性价比使客户认为不值,他们可能会转向替代品。可见,替代品的存在为产业规定了价值下限,产业内的现有企业须努力确保其产品的价值不能低于替代品的价值;替代品同时也为产业的获利水平或价格水平规定了上限。

替代品威胁大小的影响因素:

替代品与现有产品的相对性价比$\left(\frac{\text{替代品的价值/价格}}{\text{现有产品的价值/价格}}\right)$,比值越大,替代品的威胁越大;顾客的转换成本小,则替代品的威胁大;顾客的转换欲望越强烈,导致替代品的威胁越大。

现有商品供应商可以采取的防替代策略:行业内供应商采取集体反击行为;降低本产品的成本;提高顾客的转换成本,使用微软 Windows 操作系统的用户转换到其他操作系统的成本就特别高(需要重新学习、更换应用软件等),所以这些用户一般不会替换供应商;实现自我替代;[①]寻求与替代品共存和联合;转移目标市场;为产品寻找新的用途;等等。

波特的竞争战略理论是以产业结构分析为基础的理论,其基本逻辑是:产

---

① 柯达虽然造出了第一台数码相机,但为了眼前胶卷相机的利润,不愿自我替代,结果被其他数码相机公司替代,落得破产下场。瑞士钟表工程师发明了石英计时技术,钟表行业协会及权威人士不屑一顾。石英计时技术反被日本获取、应用,5 年后日本钟表产品进军国际市场,把瑞士钟表产品打得一败涂地,使瑞士钟表产品的国际市场份额直线下降。

业结构是决定企业盈利能力的关键因素;企业可以通过选择和执行一种基本战略,影响产业中的五种作用力量(即产业结构),以改善和加强本企业的相对竞争地位,获取市场竞争优势(低成本或差异化优势);价值链是竞争优势的来源,企业可以通过价值链活动和价值链关系的调整,实施其基本战略。

波特竞争战略理论的局限:①在产业分析中,该理论忽略了企业内部条件的差异,认为竞争战略在很大程度上依赖于对高利润产业的正确选择,因此该理论往往诱导企业进入自身并不熟悉的领域或采取无关多元化战略。而事实上,同一产业内企业间的利润差异并不比产业间的利润差异小;并且,在夕阳产业/衰退产业中如果企业战略正确,经营得法,也能赚大钱,例如理查森公司在真空管产业中就大获其利。②波特的价值链分析(参见 3.1.3 小节)虽然提供了寻找竞争优势的有效方法,但并没有指出如何根据重要性原则确定企业的核心竞争优势。

企业外部环境分析工具见图 2—7。

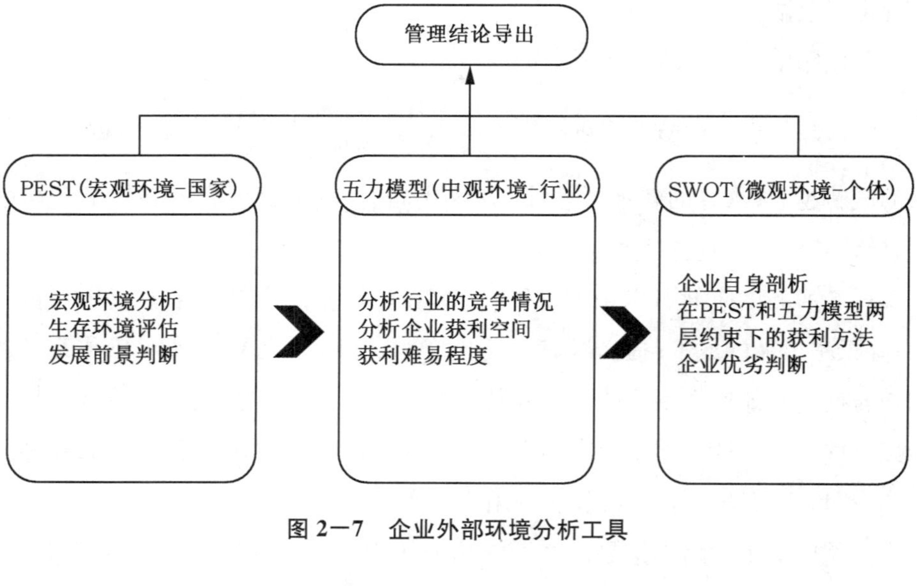

图 2—7　企业外部环境分析工具

SWOT 分析主要针对企业个体及其所在环境,参见 4.2 节。

2.3　预测方法

预测企业外部环境(趋势)的内容包括：政治法律预测、经济预测、社会文化预测、科学技术预测。

政治预测指评估政府将来的立法及其他因素的影响，并解释这些因素对企业与政府间的关系产生的影响。政治预测适合采用一些定性的预测方法，主要包括德尔菲法、头脑风暴法、名义小组(前三项也是决策方法)、前景分析、专家意见法。

经济预测方法包括时间序列预测、回归分析预测、产业情景分析。

社会文化预测试图解释社会的属性，确定变化着的社会价值观和态度对企业的影响。定性预测和定量预测方法都能被用于社会文化预测。

科学技术预测包括对科学和技术新进展的评估，预期可能会出现的来自某一个特定企业的研究与开发的产出，以及预期可能来自本企业的竞争者的研究与开发的产出，研究它们对本企业的影响。定性预测和定量预测方法都能被用于科学技术预测。

第3章　企业内部能力分析

分析企业的内部能力即《孙子兵法》要求的“知己”；分析对手和外部环境则是“知彼”。企业战略则应是一个企业“可以做的”（基于外部的机会和威胁）和“能够做的”（基于企业内部的优势和弱势）之间的有效匹配，见图3—1。

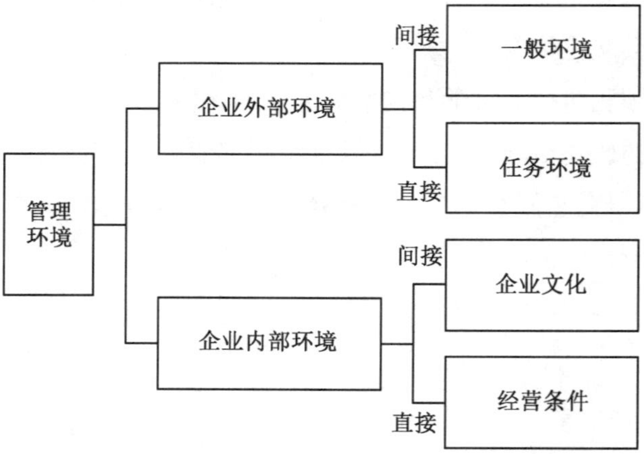

图3—1　企业内外部环境

3.1　确定企业内部战略要素

企业内部分析的目的是识别企业的资源、能力，从它们的状况和对企业的作用，发现企业的竞争优势，进而努力形成企业的核心竞争力或独特竞争力。企业竞争力是企业资源和能力结合的结果。企业制定战略，必须在外部环境分析的基础上，充分整合内部的独特资源和能力，构建核心竞争力。如果企业不具备核心竞争力，要么自行开发，要么外购，要么联合。

3.1.1　资源分析法

用资源分析法确定企业内部战略要素。资源分析工作包括现有资源分析、资源利用情况分析、资源灵活性分析、资源平衡性分析、战略适应性分析等。

资源平衡性分析主要包括以下三个方面。

①业务平衡分析。分析企业内部各项业务所处的阶段，确定资源在各项业务之间的分配是否合理。分析方法是业务组合分析法，关于该方法的论述，参见 4.1 节。

②现金平衡分析。分析企业是否拥有必要的现金储备或拥有应对近期现金需要的来源。

③企业高级管理人员平衡分析。企业高级管理岗位是否包括了企业经营需要的各项职能，高级管理人员是否能采取与企业战略和企业文化一致的管理方法，高级管理人员的构成能否适应企业战略的变化。

关于资源平衡分析有两种观点可供借鉴：为了保持资源的稳定平衡，需要在企业内设立适当的资源余量；设置资源余量只会助长企业的差错容忍和低效率的管理，丰田采取准时生产制就是基于这一观点。

企业的资源优势包括以下四个方面。

①技巧和专门技术。完备的认证体系、低成本经营、强电子商务、开发技术、工艺秘诀、核心专利、许可证等。

②有价值的实物资源。先进的设备等。

③有价值的人力资源。CEO、CIO、CFO、员工、组织学习能力、培训体系等。

④有价值的组织资源。高信用等级、有价值的合作伙伴等。

3.1.2　功能分析法

功能分析法是指从采购功能、制造功能、营销功能、财务功能、人力资源功能、信息技术功能、控制系统功能等方面分析企业内部的战略要素。

(1)采购功能

本企业能否获得材料及各类零部件；零部件是自制还是外购；采购质量保

证系统是否有效;除了目前的采购来源,是否还能发现其他来源,这些来源的有效性能否保证;本企业在采购谈判方面的能力;本企业对供应商是否有股权控制或其他控制手段;本企业是否制订了防止供应过程意外中断的计划。

(2)制造功能

企业对地域分布(在哪些地方生产)和现有设备的满意程度;企业对现有生产能力的满意程度,企业扩大生产能力的余地,目前的厂龄及设备的陈旧程度;企业的生产能力在各生产点上的协调平衡程度;企业采取的生产方式,生产现场的布局效果,生产的组织效率;生产现场职工的技术水平与生产要求的一致性,职工技术协调的程度;生产质量保证体系的运作效果;目前的存货水平和理想存货水平之间的差距;企业制造成本的构成和竞争力。

(3)营销功能

企业的分销手段和分销渠道;企业的市场情报和信息系统(信息系统不只是技术方面的,还有制度方面的)的完备程度;企业是如何进行市场细分的,市场细分的效果,各细分市场之间的平衡程度;本企业的产品在售后服务、质量、差别化、包装、价格、标准化、索赔等方面的优势和劣势;本企业的新产品开发率,在新产品开发方面,本企业与主要竞争对手的差别;广告及其他促销活动的效果;企业对用户的特殊要求的处理效果;企业销售队伍的力量,包括是否拥有足够的销售专家;销售的组织结构是否恰当,销售队伍的地区分布情况,以及销售预算等;企业是否最大限度地利用了品牌和商誉的作用。

(4)财务功能

企业的财务业绩;企业的财务结构(例如企业的全部资产是如何筹集得到的);企业管理财务资源的效果;企业在公众中享有的财务信誉;企业为取得财务方面的发展而采取的方法及效果;企业采取的评价业务活动的方法和计划投资的方法是否有效;财务报告程序是否正常、有效。考察这些方面,衡量本企业的财务能力。

(5)人力资源功能

企业的人员结构;培训系统的作用;建设管理梯队的效果;员工流动性,员工满意度,管理方与职工间的关系;人事政策的有效性,包括报酬制度、工作条件、招聘制度、退休制度、职工在企业内的流动情况、冗员和待下岗情况等;在具体劳动方面存在的问题；劳动生产率情况，提高劳动生产率的可能性。

(6)信息技术功能

企业目前对自身的信息技术功能是否满意；企业用哪些方法获得信息技术手段；企业内实际存在的或潜在的信息技术问题；是否制定了信息安全制度和政策；信息设施的机龄和陈旧程度；信息技术手段的效用，信息人员的技术水平；信息技术质量保证系统的适用性；信息技术能力增强的可能性；对信息技术成本的满意程度。

(7)控制系统功能

安全控制系统；存货控制系统；质量控制系统；财务方面的流动资本控制、资本投资控制及商业信用控制系统；生产控制系统；维修控制系统；预算控制系统；内部审计控制系统。

3.1.3　价值链分析法

本小节所述价值链指公司内的价值链，也称企业价值链。价值链分析法是一种寻求、确定企业竞争优势的工具，即运用系统方法考察企业的各项活动及其相互关系，寻找具有竞争优势的资源。价值链分析是迈克尔·波特提出的。

(1)价值链的有关概念

公司价值链活动包括两类业务：主要业务和辅助业务。主要业务是为客户创造价值的过程中的主要活动，包括供应链管理、生产、营销、服务、维修等。辅助业务则包括产品研发、系统开发、人力资源管理、财务管理、法律管理等。

例如制衣企业的主要业务或基本活动如图 3—2 所示。

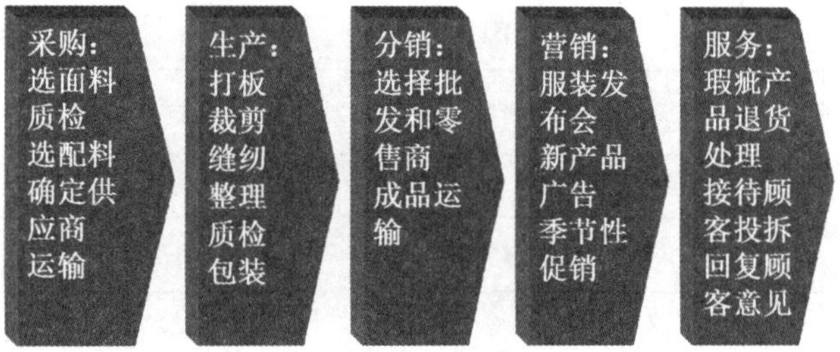

图 3—2　制衣企业的基本活动

价值创造是通过为提供最终产品或服务，持续增加价值的一系列活动实现的。企业所有的相互关联的价值创造活动串联、叠加在一起，便构成了创造价值的一个动态过程，即价值链。这些活动包括生产、营销、交货等一系列基本活动，它们与起辅助作用的各种活动一起，共同构成企业的价值链。

企业真正能够生存下来，实现自身的目标，是因为创造了价值，而不仅仅因为打败了对手。例如苹果公司是因为能提供像 iMac（一体电脑）、iPod、iPhone、iPad 这样的有价值的产品而进入其发展的辉煌阶段，并非一味依赖强有力的营销竞争手段打败对手。

不能很好满足市场需求的竞争策略和手段，虽然可能使企业在短期内获得优势地位，但其产品终究会被其他更有价值的产品或替代品取代。例如柯达、诺基亚、索尼等公司都曾打败许多竞争对手，甚至坐上了行业全球第一的宝座，但最终却被时代淘汰，因为更有价值的产品横空出世了。

从价值创造的角度看，企业的作业链就是价值链。如果同行们也能提供类似的有价值的产品或服务，那么本企业就需要通过比竞争对手更省钱、更高效或更出色地开展价值创造活动，获得竞争优势。

制造企业的基本价值链如图 3—3 所示。图 3—3 中，上排是主要业务，下面则是辅助业务。分销的“分”有分配、分类、分开的意思，即建立销售或营销的渠道。分销是价值链中相对后端（后台）的工作；市场营销与销售是相对前端的工作。

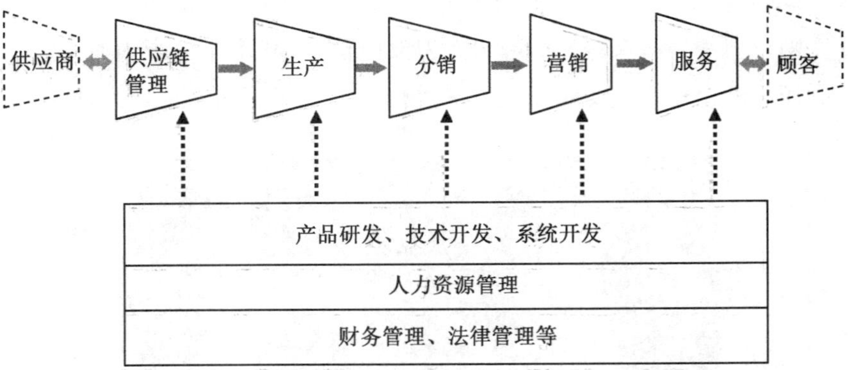

图 3—3　制造企业的基本价值链

本小节开头处和图 3—3 都提到供应链管理。供应链参与者包括供应商、生产商、销售商、运输商等，价值链参与者包括了上述成员。供应链活动包括原材料采购、运输、加工制造、送达顾客等，与价值链活动内容有重叠。

供应链管理与价值链管理在管理对象方面不同。前者关注物料供应，后者关注价值创造。另外，供应链管理以效率为导向，目标是降低成本，提高效率；价值链管理以效果为导向，可能会优化重组不能为客户创造价值的经营活动。

供应链管理是对整个供应链系统计划、协调、操作、控制和优化，其目标是把顾客需要的正确的产品，在正确的时间，按正确的数量、正确的质量和正确的状态，送到正确的地点，并使总成本最小。供应链管理强调采用集成的管理方法，通过供应链各环节的有机结合实现整体效率最高。供应链管理将在基于电子商务的供应链、全球化供应链网络、供应链网络安全(例如危化产品运输)、绿色供应链等方向发展。

企业价值链的另一种形式如图 3—4 所示。图 3—4 中，上部的支持活动即辅助业务，下部的基本活动即主要业务。由于不同的研究者对主要业务和辅助业务的分类不同，因此在图 3—4 中，采购活动出现在支持活动一类。辅助活动还包括企业基础设施建设、企业组织结构建设、控制系统的活动以及文化活动等。

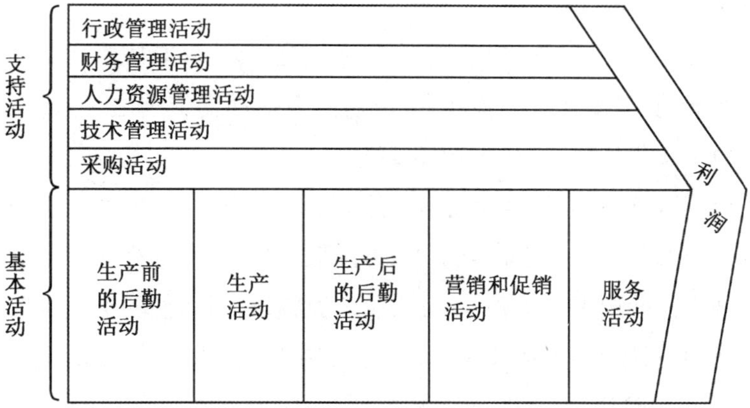

图 3—4 企业价值链

同一产业中，不同类型的企业具有不同的价值链；同一企业在不同发展时期，其价值链也不相同。不同的价值链包括不同的主要业务和辅助业务，再加上成本构成的差异，就产生了不同的竞争力。

(2)价值链分析及其应用

价值链分析方法能以详细、准确的方式，为确定企业内部战略要素提供一个简明而清晰的分析框架，具体表现在以下四个方面：

①通过逐一分析各价值创造活动对企业总效益、总价值的贡献，准确抓住形成竞争优势的关键问题和关键环节。

②通过分析各价值创造活动之间的衔接、耦合关系，及相互配合、协同、促进的程度，评价资源配置与竞争优势的关系。

③通过分析不同价值创造活动的成本特性，为企业寻找革新性的途径改造业务活动中的高成本、低价值、无价值乃至负价值的活动提供依据。

④通过分析价值系统，了解其与企业外的相关价值链(供应商价值链、渠道价值链、买方价值链等)的配合状况，为竞争战略方案的选择提供依据。

公司的成本相对地位是公司的内部活动总成本与竞争对手的内部活动总成本比较的结果。使用价值链分析方法，可将公司成本和资产分摊给价值链中的每项业务(包括主要业务和辅助业务)，这提供了成本估计和资本需求量的计算方法，进而可以计算每项业务对公司总成本而言，与竞争对手相比，是否做出了有利贡献。

基于上述工作，找出哪些业务具有成本优势，哪些具有成本劣势；需要进一步加强哪些活动，需要外包哪些活动(外包业务活动的依据之一)；决定公司是否实施前向一体化战略或后向一体化战略。

使用价值链分析，应用企业成本优势的示例如图 3－5 和 3－6 所示。

图 3－5 中，JIT 表示即时制生产，可降低原材料、零部件库存与成品库存，提高生产效率。使用 JIT 的条件为：与供应商临近，适宜使用卡车零散运输，否则需使用船运、火车运输，而船运、火车运输须大量运输才能降低运输成本，大量运输就谈不上 JIT 了[①]。关于削减次要服务，例如在民航业，可削减提供正

① JIT 的发展情况类似全面质量管理方法的发展情况。JIT 最早由美国的工程人员于 20 世纪 50 年代提出，但未被美国的学术界和实业界重视。丰田汽车公司的副社长于 20 世纪 50 年代中期将即时制生产观念引入日本，JIT 后经丰田公司不断改良，至 20 世纪 70 年代已被广泛应用于丰田集团。之后，其他日本公司也相继效仿。(夏宽云. 战略管理会计——用数字指导战略[M]. 上海：复旦大学出版社，2007)

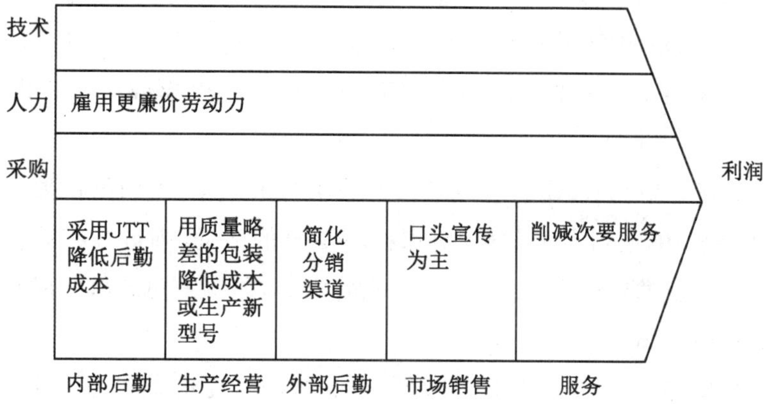

图 3—5　经济萧条期的成本优势来源

餐，见图 3—6。

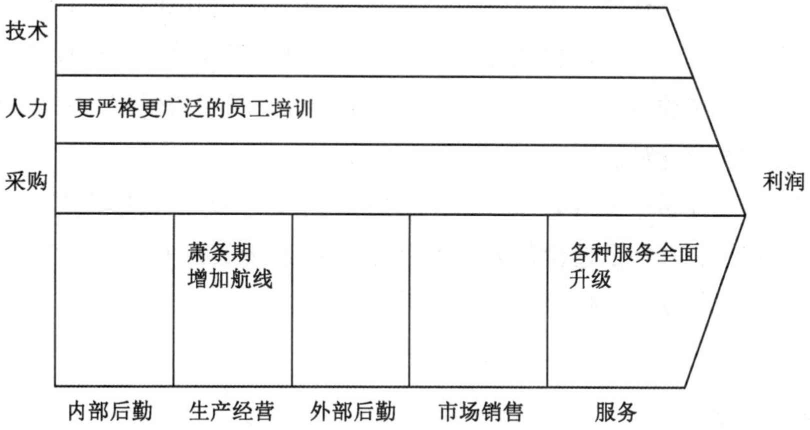

图 3—6　经济萧条期的歧义优势来源

图 3—6 中，员工培训是为了提高员工素质，练好内功。增加航线、升级服务这样的逆势而为的行动，须建立在充分调研与正确分析、预测的基础上。逆势而为的策略也符合春秋末期范蠡的“贸易待乏论”——“水则资车，旱则资舟”。大连万达集团在 2008 年国际金融危机中也采用了上述经营策略，获得很大成功。上述两个例子实际上仍属于本节确定和应用企业内部战略要素的例子。

进行价值链分析涉及把各项业务分解成各项活动的操作，分解程度取决于以下三点：分解出的各项活动有不同的经济含义；分解出的各项活动对差异化有较大的潜在影响；在成本上表现为一个较大的份额或一个不断增长的份额。

通过分解，把可以说明企业竞争优势或劣势的活动（价值链的要素或企业内部战略要素）单独列出来分析；对那些不重要的活动，则可以归总在一起分析。确定价值链的要素后，就可以分析战略成本，即将公司的部门成本会计数据分解成各项具体活动的成本。

分析价值链，不只是研究企业价值形成的过程，更重要的是通过分析价值形成过程，选择有效配置企业资源的措施和方法，寻求资源的战略作用。要分析资源配置和价值链活动的关系，应重点做好以下三方面的工作：

①识别和判定形成企业竞争优势的关键活动，实施标杆学习。必须确认那些维持企业竞争优势的关键价值活动，并在此基础上建立和强化这种优势，这对企业获得差异性竞争优势和战略目标的实现具有重要作用。标杆学习的目标是学习进行某项活动的最佳做法，学习怎样才能取得竞争优势。参见 8.4 节的第(3)项内容“标杆法”。

②分析企业价值链内的各种活动之间的联系，提高价值创造的效益。

③确定本企业在创造价值的过程中与供应商、分销商和顾客的关联方式，以维持企业的长期竞争优势。

案例

卡西欧的价值链

卡西欧与其他企业的价值链对比如图 3—7 所示。卡西欧自行设计和委托加工集成电路的总费用可能低于集成电路采购成本；专用集成电路无冗余功能，使用它们生产产品，可能节约材料和购买成本；准联合亦产生额外价值。因此，卡西欧有可能比竞争者降低成本并创造更多价值。

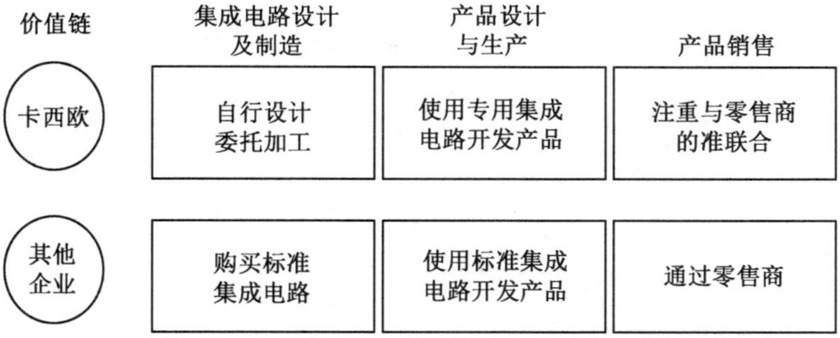

图 3—7　卡西欧与其他企业的价值链对比

台湾宏碁集团的外包案例

台湾宏碁集团是为适应分工整合和业务外包的趋势，进行企业再造的成功典范。它进行了业务流程、组织结构和经营哲学三方面的再造。集团以“速食店”模式(速食店行业被作为标杆)进行流程再造。

宏碁将原来在台湾生产的体系转变为台湾生产主机板、外包装和监视器等关键零部件，卖给海外事业部；把其他部件外包给目标市场的当地厂商生产，然后在当地组装销售(这也是企业内外部价值链分析的结果)。集团以“主从架构”模式打破了原先的阶层组织结构。在这种模式中，各子公司既是独立决策的“主”，又相互支撑、配合，作为其他单位的“从”。各子公司的决策中心是股东大会，总部只能通过股东大会影响其决策，是各子公司的“从”。

资料来源：360doc 个人图书馆. 台湾宏碁集团企业再造案例[OL]. 2014—2—18.

价值链分析方法涉及企业内方方面面，存在对某些关键方面，例如特点技术和生产方面重视不足的局限性。另外，实际使用此方法时难度也较大。

(3)企业价值链与产业价值链

图 3—8 中，单个五角箭头图标表示各个企业的价值链，各企业通过产业价值链传递价值给客户。学习到这里，读者的视野更宽了，在产业价值创造活动的系统中分析企业的价值链，与竞争对手的价值链(竞争对手自身的及其所在的产业价值链)对照分析。

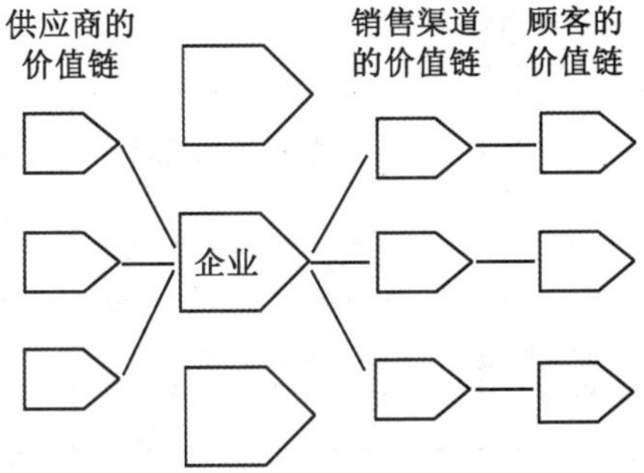

图 3—8　企业价值链与产业价值链

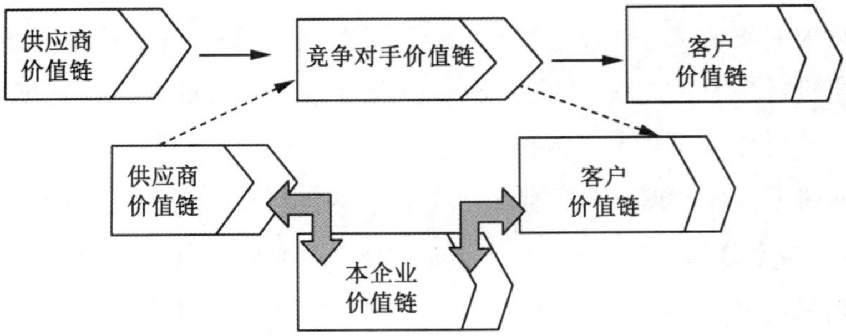

图 3—9　产业价值链

图 3—9 显示了产业价值链之间的竞争。一个产业内有若干条甚至无数条产业价值链。实际上，一个企业内也有若干条企业价值链，传递不同的价值给不同的客户，而同一客户也能从同一企业的不同（企业）价值链获得不同的价值。这里显示了“宏观”（产业层面）与“微观”（企业层面）价值链的相似之处。

对产生于产业价值链上游的成本劣势，可采取以下行动：通过谈判，从供应商那里获得更低的价格；同供应商紧密合作，帮助它降低成本；改善供应商价值链和企业自身价值链之间的联系；尝试使用成本更低的替代品；尽力在其他地方削减成本以补偿这方面的差距。

对存在于产业价值链下游的成本劣势，可采取以下行动：促使分销商和其他前向渠道减少利润；同前向渠道联盟或客户紧密合作，以寻找降低成本的双赢机会；转向更经济的分销战略，包括前向一体化；尝试削减产业价值链中其他环节的成本，以弥补在这里产生的差距。

对存在于企业内部的成本劣势，可采取以下行动：简化高成本的经营和运作；再造业务流程，从而提高员工的生产率，提高关键活动的效率，提高企业资产利用率，或者改善企业对成本驱动因素的管理；通过改造价值链，消除某些产生成本的活动；重新布置高成本活动，在成本更低的地方进行这些活动；分析自身的价值链，检查是否有一些非关键的活动由供应商完成比自己更合适；投资于节约成本的技术改进，如机器人、柔性制造技术；革新棘手的成本要素，如对工厂和设备追加投资；简化产品设计，使产品生产更经济。

从企业的角度看，(企业)价值链分析可以使企业管理人员更好地理解企业的资源和能力，更好地把握企业的困难或问题。从行业的角度看，通过(产业)价值链分析，可以更好地理解本企业相对于关键客户和供应商的竞争位置。

3.1.4　缺口分析法

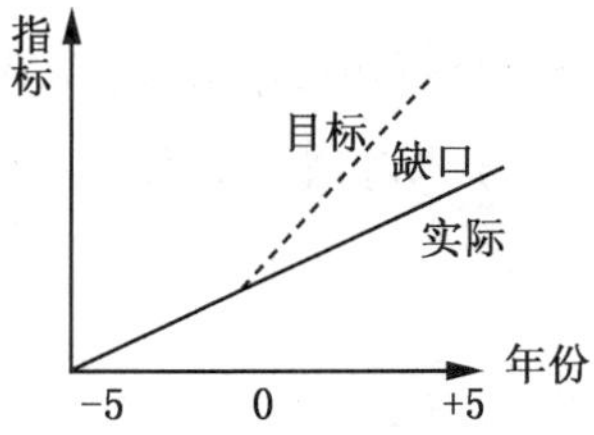

图 3—10　缺口分析法坐标

图 3—10 中，指标可以是：定量指标，例如销售收入指标、利润指标、市场份额指标；或者将定性指标定量化后的指标，例如服务水平、用户满意程度，可以用问卷方式获得。当然，需要为不同的指标画不同的缺口分析坐标图。在这些坐标图中可以清晰地看到缺口情况。

3.2　评价企业内部战略要素

评价企业内部战略要素的方法有竞争对手分析法、产业成功要素比较法、历史业绩比较法等。

3.2.1 与竞争对手比较的评价方法及标杆比较

通过与竞争对手比较的分析，找出对成本影响大的因素。在比较过程中，仅用平均值不利于准确比较，因此须消除成本平均化的影响，尽量对相似的场景比较，以及在不同的领域比较。例如针对不同的用户群计算和比较经营成本；计算某产品在不同市场的(包括营销费、运输费、服务费等在内的)单位成本并与竞争对手的比较；有时候确实需要计算平均成本时，须注意消除那些不稳定的市场对成本的影响。

进行模拟竞争对手成本的计算(计算模拟而不是模拟实际运作，实际运作的成本太高了)时需要考虑下列措施：模拟对手的产品种类，模拟生产地点的情况，模拟劳动生产率，模拟生产规模。其他比较方法如下所述。

(1)过程竞争比较：使用标杆分析方法中的过程竞争比较方法，观察和研究目标公司的业务流程，包括工艺流程、运营系统、过程技术等，旨在通过学习目标公司的最佳表现，改进自身的核心流程，提升公司的经营业绩。比较项目时应该回答的 7 个问题(5W2H)：WHO(谁在做?)、WHAT(做什么?)、WHEN(何时做)、WHERE(何处做?)、WHY(为何做?)、HOW(如何做?)、HOW MUCH(用多少预算做?)。

过程竞争比较步骤如下：

①确定比较内容，排出优先顺序；

②选择目标公司；

③制订比较计划并调查；

④找出目前绩效方面的差距；

⑤预测未来的绩效水平；

⑥(企业内的)沟通，发现差异并获取认同；

⑦修订绩效目标；

⑧制订运营、行动计划；

⑨实施计划并监控进展；

⑩重新校订基准[①]。

上述比较中可能用到的指标有：

①运营指标：生产周期、订货时间、交货时间、准备时间等，一般越短越好。

②人力资源指标：员工满意度、培训经费、旷工、安全情况等。

③市场营销指标：市场占有率等。

④质量指标：废品率、缺陷率、退货率、报废与返工指标、质量成本（例如因质量问题产生的成本，因保持、提高质量而产生的成本）等。

⑤与客户有关的指标：电话咨询的平均响应时间、客户来电转接次数、客户得到响应的百分比（以上三项也可作为服务质量指标，放在质量指标一类中）、客户满意度、忠诚度、客户保持率等。

（2）财务竞争比较：与目标公司比较财务成果。这种比较一般不需要和目标公司互动，许多公司每年在其网站上公布财务数据；或通过第三方间接获取目标公司的财务数据。比较中可能用到的指标有：资产收益率、投资收益率、毛利率、净利润等。

（3）绩效竞争比较：使用成本结构、各种生产率绩效、产品上市速度、质量指标等，评估自身的竞争地位。生产率指标包括单一要素生产率、多要素生产率。单一要素生产率指增加一个单位的单一要素所带来的产出量增长。

（4）产品竞争比较：当设计新产品或产品升级时，可以采用逆向工程，即分解竞争对手的产品以了解其设计的优缺点。逆向工程是一种产品设计再现过程，即逆向分析及研究一个产品，从而得出该产品的结构、功能特性及技术规格等设计要素，以便制造出与其功能相近但又不完全一样的产品。逆向工程源于商业及军事领域中的硬件分析，其主要目的是在不易获得必要的生产信息的情况时，直接分析竞争对手的成品，推导出产品的设计方法。

（5）战略竞争比较：与目标公司的战略组合比较，这种竞争比较一般不限于特定行业，因为对不同行业而言，好的战略经适当调整、修改就可被有效利用。

开展标杆比较时须遵循的原则有：

① 基准即比较基准，在英语中，基准和标杆可用同一个单词 benchmark 表示。

①合法性原则。一切都在法律允许的范围内进行。

②交换原则。有来有往,双赢原则。

③保密原则。遵守保密条款。

④使用原则。仅供内部使用,未经允许不可传播。

遵守这些原则很重要,否则很难比较,尤其假如目标公司不与之合作,发起公司就无法实施其比较计划。

竞争比较与标杆比较的困难之处在于:

①标杆公司很难找。如果目标公司不是非常强大,它可能把自己的竞争优势或管理诀窍作为秘密武器。

②由于同行竞争的压力,公司进行行业内的比较时常常很难获得目标公司的真诚对待;进行行业外的比较时又很难找到合适的目标公司,并且创新应用难度也很大——应用别的行业的经验、优点、标准,需要创新思维。

③竞争比较需要花费大量时间和金钱。

④如果不能很好地应用权变[①]理论,照搬照抄,可能很难执行或执行效果差。

⑤在比较的过程中,如果没有很好地遵守相应的原则(例如前面的标杆比较原则),竞争/标杆比较可能遇到障碍。

一些管理咨询公司发现很多公司开展竞争比较的兴趣以及遇到的困难。发现商机后,他们收集资料、进行研究,提供最佳实践信息。第三方收集信息,通过隐蔽公司名和有关信息的方法降低道德、法律风险。客户公司只要付费给咨询公司,后者可以帮助其完成竞争比较。但只根据资料进行竞争比较,与(和目标公司)面对面交流以及现场参观相比,效果会打折扣。

关于标杆比较方法的更多论述,参见8.4节的第(3)项内容。标杆比较与竞争比较有相似之处,但又有区别。标杆公司是"高大上"的,是发起比较的公司的学习对象。竞争比较中的被比较对象是发起比较的公司的竞争对手,它们的市场地位可能相差不大。

---

① 权变是指随具体情景而变或依具体情况而定。

3.2.2　产业成功要素比较法

可以从用户需求、产业结构、竞争对手们的情况、进入障碍、替代产品、成本特征、销售渠道等方面寻找产业内的成功要素。在研究了产业内的各类成功要素后，可以评价本企业目前的能力或战略要素在该产业中的优势或劣势。参见2.2.2小节第(1)项第⑩条。

(1)创新能力

在知识经济时代，企业战略必须最大限度地突出创新，以培育创新意识、发展创新能力为企业战略的基本出发点，把创新努力贯穿于产品和服务形成的全过程中。创新能力是各种资源优势和竞争能力中最难被对手模仿的，是一种综合能力的体现。创新分为技术创新、管理创新和制度创新。按照创新的形成又可分为原始创新、集成创新和消化吸收再创新三种。集成创新/综合创新指对现有的产品或知识重组和搭配，形成新的产品或事物，实现新的功能和作用。

(2)品牌

品牌作为现代商战的制高点，其作用已日益受各国重视。在当今世界，一个国家整体经济实力的高低，在很大程度上以这个国家拥有多少世界品牌为特征。美国的可口可乐、德国的奔驰是这些国家的“国际通行证”。我国品牌的整体竞争力与发达国家相比，还存在一定差距。

我们也要辩证地看待KSF。举例来说，规模效应一直是汽车行业追求的重要目标，制造商们要把工程设计、销售等固定成本分摊到尽可能多的产品上，以降低成本。总体而言，这一追求是正确的，但规模效应并非“线性”的。例如，当宝马的年销量在20世纪90年代已达70万辆左右时，已达到很大的规模，并且连续盈利40年，在汽车工业史上并无此先例。那么，进一步扩大规模是不是更好呢？

宝马公司发现并非如此。当它也梦想成为汽车工业的超级巨头时，它收购了英国路虎公司。结果是，宝马在路虎公司身上花费了60多亿美元和6年时间，却没从路虎身上赚到一分钱。宝马公司于是继续回到它的高档车路线，并且它的汽车是以高价销售的，它也不需要生产更多。宝马公司认为：宁可放弃一些市场，也不损害自己的品牌形象。①

3.3 核心竞争力

资源分为一般资源和核心资源，能产生核心竞争力的资源必须是独特的、有价值的、稀缺的。能力分为一般能力和核心能力，能产生核心竞争力的能力是那些难以交易、难以模仿、难以替代的企业能力。核心资源、核心能力或两者有机结合都可能产生核心竞争力。

核心竞争力是难模仿、难替代、延伸性好的竞争力。麦当劳的运营方式就是一种核心竞争力。麦当劳在全球 25 000 家店提供同样质量的快餐，通过操作指南复制其运行体系，规定每项工作的详细规则和程序。

企业的核心竞争力是企业内部一系列互补的技能和知识的组合，它是企业独特拥有的、为消费者带来特殊效用、使企业在某一市场中长期具有竞争优势、获得稳定利润的内在能力资源。企业的竞争力，尤其是核心竞争力，是企业制定战略的一个决定因素。

企业的核心竞争力一般以企业的核心技术能力为基础，通过企业战略决策、生产制造、市场营销、内部组织协调管理的交互作用而获得使企业保持持续竞争优势的能力，是企业在其发展过程中建立与发展起来的一种资产与知识的互补体系。这些技术和知识及其结合方式决定着核心竞争力的强弱，决定着企业开发新产品、服务客户、挖掘新的市场机会的潜力，体现着竞争优势。

核心竞争力的特征如图 3－11 所示。异质性指本企业的核心竞争力不同于竞争对手的，例如独特而有价值的组织文化和品牌。延展性则指核心竞争力可带动企业的其他竞争优势。不可交易指核心竞争力是买不来的，需要本企业着力构建；竞争对手自然也买不到。不可分离指核心竞争力紧紧地依附于本企业，不易被夺走。动态性指核心竞争力是发展变化的，需要企业持续滋养、培育，否则会失去竞争力。

---

① 盘和林. 哈佛战略管理决策分析及经典案例[M]. 北京：人民出版社，2006.

图 3—11　核心竞争力的特征

核心竞争力的培育有三个阶段：认知、挖掘阶段，运用、整合阶段，保持、创新阶段。培养核心竞争力的主要方法有：内部挖潜，与外部联盟或联合，企业兼并。

由于核心竞争力可以使企业在竞争中获得超额收益，竞争对手总是千方百计地研究和模仿本企业的核心竞争力。核心竞争力是通过长期的发展和强化建立起来的，核心竞争力的丧失会对企业造成无法估量的损失。所以，企业须高度关注核心竞争力，不断创新，避免其流失。促使核心竞争力在企业内部扩散，在多种业务或新市场中发挥作用。

第4章 综合分析

本章论述的综合分析涵盖企业内外部环境的直接、间接影响。制定企业战略前，需要分析企业的情况和所处的环境，因此就需要经历企业信息的输入和分析阶段；然后根据这些信息或者说企业经营的关键因素，匹配出备选战略；最后就是评估各备选战略，选择合适的战略。此过程见图4—1。

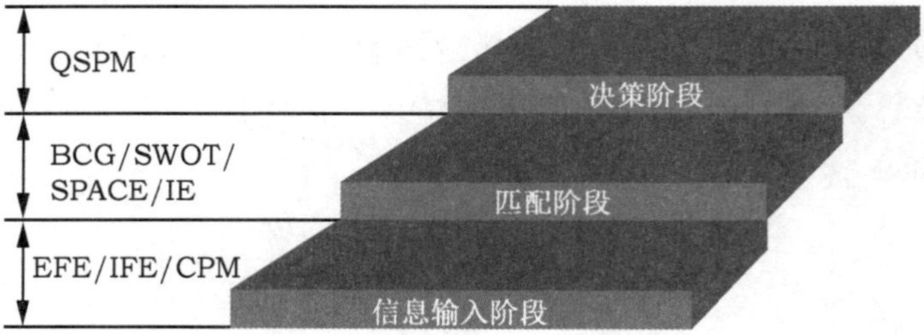

图4—1 战略分析、匹配、决策阶段及其相关分析工具

(1)企业信息输入阶段的因素分析

外部因素评价(External Factor Evaluation, EFE)矩阵/表可以帮助归纳和评价政治、法律、经济、社会、人口、行业等外部环境信息在战略研究与制定中的重要程度，反映现行战略对外部机会与威胁的应对能力及决策取向。内部因素评价(Internal Factor Evaluation, IFE)矩阵/表可以帮助总结和评价企业各职能部门的优势与弱点，并为确定和评价这些部门间的关系提供基础。[①]

① 王阳阳，孔春梅. 基于IFE矩阵和EFE矩阵的人力资源战略SWOT分析——以NM空港航空地面服务有限公司为例[J]. 经济论坛，2013(7)：119—123.

竞争态势矩阵/表(CPM)用于确认企业的主要竞争者以及相对于该企业的战略地位,还有这些主要竞争者的特定优势和弱点。CPM 和 EFE 矩阵的权重和总加权分数的含义相同,但是 CPM 中的因素包括内部因素和外部因素两类。

CPM 与 EFE 矩阵还有以下区别:首先,CPM 中的关键因素更为笼统;其次,CPM 中的因素不像 EFE 矩阵中的那样被分为机会与威胁两类;最后,在 CPM 中,竞争对手的评分与总加权分数可以与被分析企业的相应指标进行比较,通过这一比较分析,该企业可以得到重要的内部战略信息(http://blog.sina.com.cn/s/blog_6095f1a60100sset.html)。

(2)战略匹配阶段的备选战略的物色

基于第(1)阶段中对关键因素的分析,进行战略构想,或者说匹配合适的战略,供决策者评估和选择。匹配战略时应注意抓住外部机会,避免外部威胁,发挥内部优势,克服内部劣势。

战略地位与行动评价(Strategic Position and Action Evaluation, SPACE)矩阵主要用于分析企业外部环境及企业应该采用的战略组合。SPACE 矩阵有四个象限分别表示企业采取的进攻、保守、防御和竞争四种战略。这个矩阵的两个数轴分别代表了企业的两个内部因素——财务态势和竞争优势,以及两个外部因素环境——稳定性态势和产业态势。这四个因素对确定企业的总体战略地位起决定性作用。

内部—外部(Internal-External, IE)矩阵是在由 GE 公司提出的多因素业务经营组合矩阵的基础上发展起来的,用内部因素与外部因素取代 GE 矩阵中的竞争能力和行业吸引力。

BCG 矩阵和 SWOT 分析方法将在 4.1.1 小节和 4.2 节论述。

(3)战略决策阶段的战略评估和选择

在决策阶段,使用定量战略计划矩阵(QSPM),利用第一阶段(信息输入阶段)及第二阶段(匹配阶段,所谓匹配即匹配备选战略与企业的内外部因素)的分析结果,进行战略评价,进而选择战略。

QSPM 的分析原理如下。将第二阶段匹配出的各种备选战略分别评分,根据各战略是否能使企业更充分地利用外部机会和内部优势,尽量避免外部威胁和减少内部弱点四个方面,通过专家小组讨论的形式得出评分。得分的高低反映战略的适合程度。虽然 QSPM 是基于事先确认的外部及内部因素客观评价备选战略的工具，然而，良好的直觉判断对 QSPM 仍然是必要且极为重要的。

本章内容在一定程度上与 8.1、8.2 节有重叠，两者的区别是：本章更偏重客观分析乃至定量分析；而 8.1、8.2 节则更偏重定性分析和原则阐述。将两者结合起来则能相得益彰，有利于更好地理解和把握战略制定与评估。

4.1 业务组合分析

业务组合指对不同状况的业务或不同市场地位的业务，采取不同的对策（采用不同的战略），而一家企业一般都有一个以上的业务，因而形成了各业务及其经营战略的组合。

4.1.1 发展—份额矩阵(BCG 矩阵)

BCG 矩阵是由美国波士顿咨询集团（Boston Consulting Group）首创的一种规划企业产品组合的方法。用于绘制 BCG 矩阵的指标是相对市场份额指标（表示市场地位）和市场发展率指标（表示市场前景）。

经营单位的相对市场份额：

$$\frac{\text{本经营单位的销售量}}{\text{最大竞争对手的销售量}}$$

经营单位所在产业的市场发展率：

$$\frac{\text{经营单位本年度销售量}-\text{上年度销售量}}{\text{经营单位上年度销售量}}\times 100\%$$

上述两个表达式中，经营单位指某企业的一个部门，例如事业部。采用相对市场份额指标的原因是：定义某市场和界定市场的边界相当困难，难以获得市场总量值（总销售量或总需求量），准确确定各经营单位或各项业务的市场占有率绝非易事，因此计算相对市场份额，这样更方便。

图 4—2 中，市场发展率指某个业务所在市场的发展率，这一点同时说明，图 4—2 中的各种业务可以不在同一个（区域）市场，甚至不在同一个行业——多元化经营企业就有这种情况。

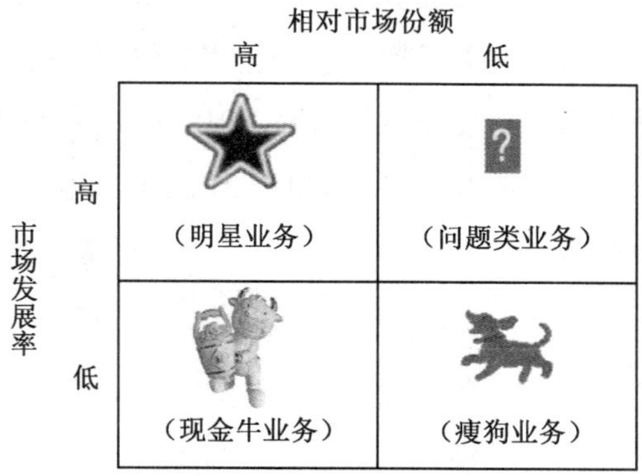

图 4—2　BCG 矩阵

（1）“明星”类业务处于高增长，相对市场份额也大。对它们的发展应尽量保持乃至积极扩张。

（2）问题类/“幼童”类业务处于高增长，但相对市场份额小；利润率可能很高，经营风险也较大；一部分可能会转成明星类业务，另一部分业务单元可能须被放弃、出售。问题类业务由于快速增长需要大量投资，而其低市场占有率导致获得的收入少，所以说风险大，企业面临选择。

（3）“现金牛”类业务所在市场已进入成熟阶段，该类业务及其所在市场增长缓慢，发展前景有限。但该类业务的相对市场份额高，能给企业带来大量收入。应控制对该类业务的投资，不必再为金牛类业务增加额外的投资，只需维持其运营即可。从它们身上挤出尽可能多的“奶”，把它们产生的大量现金投到“明星”、问题类业务。

有的经营者看不出市场发展趋势，仍把主要资源投入到“金牛”类产品（为之自豪的产品）经营中，不积极发展“明星”类产品、培育问题类产品，结果失去了发展的先机，失去了未来的市场，其“金牛”类产品也逐渐衰退（本来就处于成熟期）。

例如，杜邦公司就曾经把很多精力和资源放在尼龙材料和相关产品上，忽视了聚酯纤维（涤纶的学名）材料和相关产品的发展前景，没有及时对其投入，结果在这个领域被一家小公司超越，对方占据了市场份额的大部分。“金牛”类产品虽然是个宝，但经营者不能只抱着它，而应当顺势而为。

(4)“瘦狗”类业务增长速度慢，相对市场份额小，只能带来较少的收入和利润，甚至可能成为企业资金的“陷阱”，例如 IBM 的个人电脑业务。经营者常常清算、出售之，得到现金。

案例

格兰仕曾经为了使其新产品微波炉(“明星”产品)的总成本绝对领先于竞争者，先后卖掉年盈利上千万元的金牛型业务——羽绒厂和毛纺厂，然后把资金集中投入到微波炉生产中。①

业务组合原则有：通过资源分配，实现资源在业务间的正常流动；把业务管理的重点放在“明星”业务上；掌握业务组合适当的“移动”速度，即把握好调整业务组合的节奏。

发展—份额矩阵分析法的不足之处在于：

①根据高和低两种情况划分市场发展速度和业务在市场中的地位，进而确定企业各项业务或各个经营单位的战略，过于简化了实际情况。

②发展—份额矩阵最大的问题是对获利与市场份额成正比关系的假设，但实际情况并非如此，如图 4－3 所示。市场发展率与企业利润率之间的关系也不是非常固定的。这两个变量/指标与企业利润率之间虽可能有正相关关系，但也只是弱相关。

图 4－3 表明：规模型显示回报率与市场份额正比关系，其他并非正比关系。既然发展—份额矩阵分析法的假设不完全成立，其结论自然让人怀疑。

4.1.2 业务地位—产业吸引力矩阵

业务地位—产业吸引力矩阵与 BCG 矩阵有一定的相似性。在绘制业务地位—产业吸引力矩阵时，需先确定反映企业业务竞争优势的要素，确定反映产

① 黄旭. 战略管理思维与要径(第 3 版)[M]. 北京：机械工业出版社，2017.

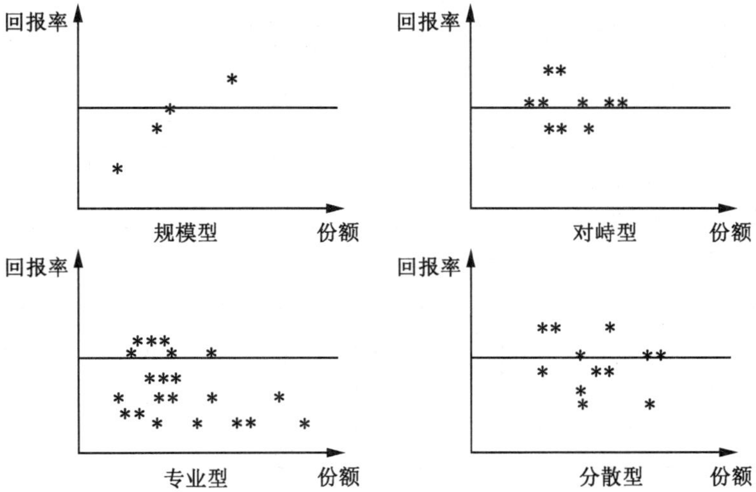

图 4—3 市场份额与获利能力的关系

业吸引力的要素。确定要素后，计算各业务的竞争优势值和所在产业吸引力值，计算方法如表 4—1 和表 4—2 所示。对企业的各项业务，需分别绘制上述两个计算表以计算各业务的竞争优势值和所在产业吸引力值。

表 4—1 业务竞争优势计算表

业务竞争优势要素	重要性得分	强度得分	综合得分
市场占有率	5	—4	—20
产品质量	5	—2	—10
价格	4	—3	—12
成本	3	—1	—3
业务绩效	3	—2	—6
财物资源	3	—4	—12
管理技术	3	1	3
合计			—60
最大可得分			175
得分比			—60/175×100%=—34%

表 4—2　　　　　　　　　　**产业吸引力计算表**

产业吸引力要素	重要性得分	强度得分	综合得分
市场发展	5	3	15
竞争	3	2	6
技术	5	4	20
产业能力	1	1	1
业务周期阶段	4	−1	−4
通货膨胀	1	−1	−1
政府补贴	1	1	1
原料成本	4	2	8
业务地点	2	1	2
利益集团压力	1	−1	−1
合计			47
最大可得分			250
得分比			47/250×100%=18.8%

表 4—1 和表 4—2 中，重要性得分的范围是 1～5，强度得分的范围是 −5～5，表示从最不利到最有利，所以每一因素的最高分为 25 分。

根据每项业务的竞争优势值和所在产业吸引力值，确定其在业务地位—产业吸引力矩阵中的位置。当确定好某企业的各项业务在该矩阵中的位置后，该企业的业务地位—产业吸引力矩阵就被绘制出来了，见图 4—4。

业务地位

产业吸引力	强（100%）	一般（0）	弱（-100%）
有吸引力（100%）	领导	努力	问号
一般（0）	领导	监管	衰落
无吸引力（-100%）	现金供应者	衰落	无希望

图 4—4　业务地位—产业吸引力矩阵

业务地位—产业吸引力矩阵中四个角的业务情况恰好对应 BCG 矩阵的四个角的业务情况，很相似。业务地位—产业吸引力矩阵在衡量业务要素方面，比 BCG 矩阵的衡量标准更丰富，对要素分类更细化，因而矩阵表达能力也更细化，克服了 BCG 矩阵的第一个不足。

4.1.3　产品—市场演变矩阵

产品—市场演变矩阵绘制要点：反映各项业务所处的产品—市场生命周期阶段；反映业务的竞争地位；圆圈面积与产业或细分市场的规模成正比（代表它们的规模）；圆圈内扇形阴影部分表示企业某项业务的市场占有率。如图 4—5 所示。

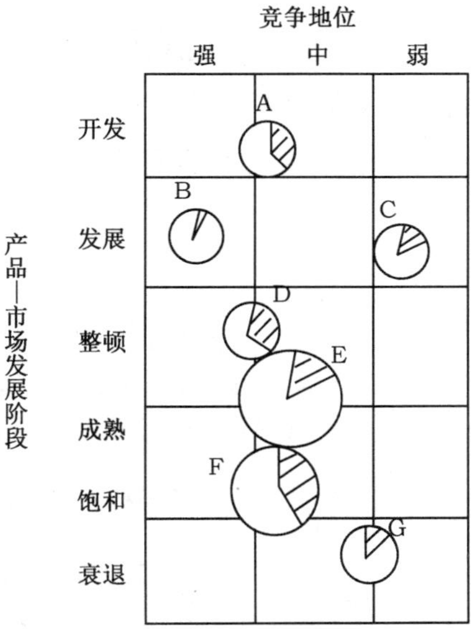

图 4—5　产品—市场演变矩阵

图 4—5 中，各字母代表企业的各项业务。

关于业务组合的上述三种分析方法的比较如下：

发展—份额矩阵需要的分析资料较少，分析过程较简单，比较适合刚开始进行战略管理的企业。

业务地位—产业吸引力矩阵的分析比发展—份额矩阵更全面、细化，要求管理人员能综合评判企业所在的产业环境和企业内部能力。

对产品—市场演变矩阵而言，准确判断某一产品或市场处于的生命阶段并不是一件容易的事，因此要据此选择可靠的战略还是不够。

4.2 SWOT 分析

SWOT 分析就是评估公司的优势(Strength)和劣势(Weakness)以及外部的机会(Opportunity)和威胁(Threat)，以便了解公司目前的总体形势，再通过组合分析，提出发挥优势、消除劣势、利用机会、规避风险的具体战略。

优势(S)：独特技术、独特资源、财力雄厚、成本优势、供应链整合优势、分销渠道优势等。

劣势(W)：含糊的战略、沉重的债务、创新能力不强、质量不稳定、营销网络不健全、产品线狭窄、缺乏成熟的管理人员等。

潜在机会(O)：市场需求旺盛、新的顾客需求、新的市场机会等。不是每个公司都有抓住机会的资源和能力，必须抓住与公司的资源和能力匹配的机会、最能发挥公司竞争优势的机会。

潜在威胁(T)：竞争加剧、市场增长缓慢、替代品出现、新管制、消费者转移偏好、竞争者进入等。要评估威胁的影响，并采取抵消或降低影响的战略行动。

通过以上分析，分别建立 S、W、O、T 因素集，各因素集构成的来源见图 4—6。关于内外部环境的分析，参见第 2、3 章。

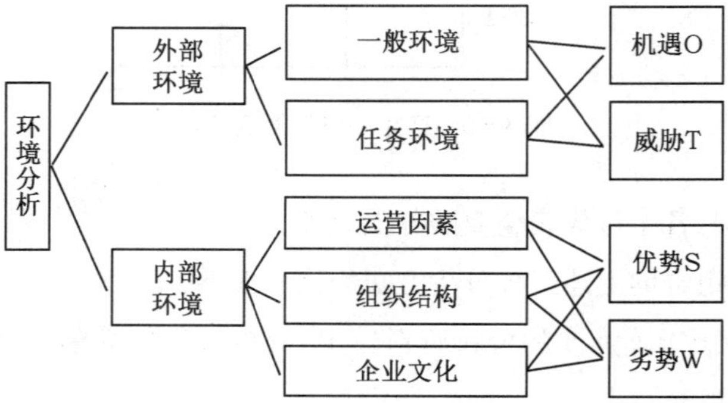

图 4—6　各因素集构成的来源

SWOT 分析内容见图 4—7。

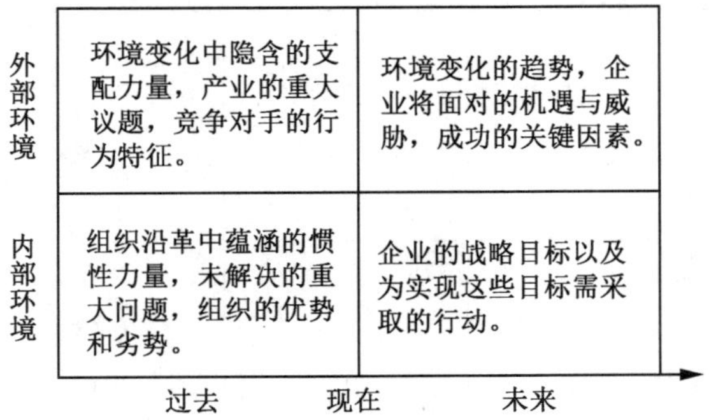

图 4—7　SWOT 分析内容

图 4—7 中，外部环境分析涉及行业内成功的关键因素（KSF），参见 2.2.2 小节第（1）项第⑩条和 3.2.2 小节。内部能力分析/内部环境分析涉及组织中的惯性力量，利用有益的惯性力量，改革无益的惯性力量。

（1）外部环境因素分析

识别和分析环境发展的一种有效方法——环境因素优序矩阵：找出环境中出现的趋势以及其他可能出现的环境事件；估计并从高到低排列这些事件发生的概率；确定每一事件影响企业的程度。这一步分析工作为下面选择机会和威胁因素做好了准备。

接下来分析企业利用或应对关键环境因素的能力。

分别找 5～10 项机会和威胁因素，这些是企业成功的关键环境因素。根据各关键因素对企业未来成功的重要性，确定其权值。根据企业利用或应对每一因素的表现，确定各因素的分值。将环境因素的权值乘以其分值，得到加权分值。如表 4—3 所示。

表 4—3　某企业的关键环境因素分析

关键环境因素	权值	分值	加权分值	评述
机会				
O1	0.20	4.1	0.82	
O2	0.10	5.0	0.50	

续表

关键环境因素	权值	分值	加权分值	评述
O3	0.05	1.0	0.05	
O4	0.05	2.0	0.10	
O5	0.10	1.8	0.18	
			1.65	
威胁				
T1	0.10	4.3	0.43	
T2	0.10	4.0	0.40	
T3	0.15	3.0	0.45	
T4	0.05	1.2	0.06	
T5	0.10	1.6	0.16	
			1.50	
	1.00		**3.15**	

(2)内部能力因素分析

列出企业内部的竞争因素，将它们分为优势和劣势两类。为优势、劣势各确定5～10项要素。根据各关键竞争因素对企业未来成功的重要性确定其权值；根据企业在各要素上的表现，确定各要素的分值；将各要素的分值乘以权值，得到加权分值(见表4—4)。

表4—4　　某企业的关键竞争因素分析

关键环境因素	权值	分值	加权分值	评述
优势				
S1	0.15	5.0	0.75	
S2	0.05	5.0	0.25	
S3	0.10	4.2	0.42	
S4	0.05	3.9	0.195	
S5	0.15	2.8	0.42	
			2.035	
劣势				
W1	0.05	2.2	0.11	

续表

关键环境因素	权值	分值	加权分值	评述
W2	0.05	2.0	0.10	
W3	0.15	2.0	0.30	
W4	0.20	2.1	0.42	
W5	0.05	4	0.20	
			1.13	
	1.00		**3.165**	

(3)SWOT 分析矩阵

表 4—5　SWOT 分析矩阵(粗略框架)

内部因素 / 外部因素	优势(S) 列出 5～10 个内部优势	劣势(W) 列出 5～10 个内部劣势
机会(O) 列出 5～10 个外部机会	SO 战略 发挥优势、利用机会的战略	WO 战略 克服劣势、利用机会的战略
威胁(T) 列出 5～10 个外部威胁	ST 战略 发挥优势、规避威胁的战略	WT 战略 克服劣势、规避威胁的战略

表 4—6　SWOT 分析矩阵(进一步具体化)

关键竞争因素 / 关键环境因素	优势(S) S1　0.75 S2　0.25 S3　0.42 S4　0.195 S5　0.42　2.035	劣势(W) W1　0.11 W2　0.10 W3　0.30 W4　0.42 W5　0.20　1.13
机会(O) O1　0.82 O2　0.50 O3　0.05 O4　0.10 O5　0.18　1.65	SO 战略	WO 战略
威胁(T) T1　0.43 T2　0.40 T3　0.45 T4　0.06 T5　0.16　1.5	ST 战略	WT 战略

表 4—6 中，1.65、1.5、2.035、1.13 这四个数值即表 4—3 和表 4—4 中计算出的值（粗体显示）。一个企业总是既有优势又有劣势，既面临机会又面临挑战，所以需要制定 SO、WO、ST 和 WT 战略，即多方面考虑，以便更好地应对内、外部环境。

企业在其不同的发展时期以及产业周期的不同阶段中，关注的重点也不同。例如企业在准备进入某行业或进入之初，应重点分析 SO 战略，即发挥自身的资源和能力优势，充分利用外部的机会，决定是否进入、何时进入、采取何种战略占领市场。

企业也应重视 WT 战略分析，规避外部威胁，及时弥补自身的劣势。行业内的领先企业或面临激烈竞争的企业应时刻关注 WT 战略分析，提防不断出现的威胁，关注自身抵御威胁的资源和能力。例如对联想当初不断从戴尔、惠普挖人，实现其个人电脑业务国际化战略的情况，戴尔、惠普应当制定有效的 WT 应对战略。

20 世纪 90 年代中期，新的互联网世界已成为微软公司的“杀手”，即一种巨大的威胁，因为微软当时的业务与互联网并无关系，反而受互联网应用的发展牵累。面对此威胁，微软采用两手准备策略，继续开发产品和服务支持其占垄断地位的视窗操作系统，同时投入巨资，开发互联网应用程序。随着互联网成长，微软可以把这种投资转化为自身的成长，将原来的巨大威胁转化成自身的成长机会。①

笔者再举一个军事战役案例作类比。官渡之战中，袁绍一开始稳操胜券，不居安思危（进行 WT 战略分析）。曹操遇大兵压境，面临灭顶之灾（商业环境中则是激烈竞争），因此积极进行 WT 战略分析，找到对策。结局是，曹操遣将火烧袁绍的乌巢粮仓，改变了形势，打破了对峙格局，赢得主动权。

案例

一家食品公司的 SWOT 分析矩阵

① 亚德里安·斯莱沃斯基，卡尔·韦伯. 战略风险管理[M]. 北京：中信出版社，2007.

表 4—7　　一家食品公司的 SWOT 分析矩阵

内部优势与劣势 / 外部机会与威胁	优势 1. 流动比率增长到 2.52 2. 盈利率上升到 6.94 3. 员工士气高昂 4. 拥有新的计算机信息系统 5. 市场份额提高到 24%	弱点(W) 1. 法律诉讼尚未了结 2. 工厂设备利用率已降到 74% 3. 缺少一个战略管理系统 4. 研究开发支出增加了 31% 5. 激励经销商不够有效
机会(O) 1. 西欧的联合 2. 用户选购商品时对健康因素的关切 3. 亚洲自由市场经济的兴起 5. 美国与墨西哥自由贸易协定	SO 战略 1. 收购欧洲食品公司(S1、S5、O1) 2. 在墨西哥建厂(S2、S5、O5) 3. 开发新的健康汤料(S3、O2) 4. 组建在亚洲销售汤料的合资企业(S1、S5、O3)	WO 战略 1. 建立在欧洲销售汤料的合资企业(W3、O1) 2. 开发新的 Pepperidge Farm 产品(W1、O2、O4)
威胁(T) 1. 食品销售收入每年仅增长 1% 2. ConAgra's Banuqet 牌电视食品以 27.4%的市场份额处于领先地位 3. 不稳定的亚洲经济 4. 罐头盒不能被生物降解 5. 美元贬值	ST 战略 1. 开发新的微波炉加热休闲食品(S1、S5、T2) 2. 开发新的可生物降解的汤料包装(S1、T4)	WT 战略 多元化经营,进入非汤料食品市场(W5、T1)

表 4—7 中的战略措施可能相互抵触,企业需要通盘考虑、取舍。

SWOT 分析的优点和局限如下:

优点包括:应用范围非常广泛,不需要大量的财务数据,应用简便,可以促使企业对战略全盘考虑。

局限有:SWOT 分析工具只是一个描述模型,战略制定者须自己分析得到(匹配出)战略规划;尽管 SWOT 分析方法较简单,有利于在时间较紧迫和资源有限的情况中帮助企业做出战略决策,但是这种简单性却掩盖了战略决策问题的复杂性;企业如果仅试图制定和执行那些强化自身的优势、改善劣势的战略,有可能错过一些机会。

根据 SWOT 分析为企业选择战略(例如企业层面的),如图 4—8 所示。

图 4—8 表明,在既拥有内部优势又拥有众多的外部机会时,企业应当制定一体化战略、多元化经营战略等一些属于增长型的战略。

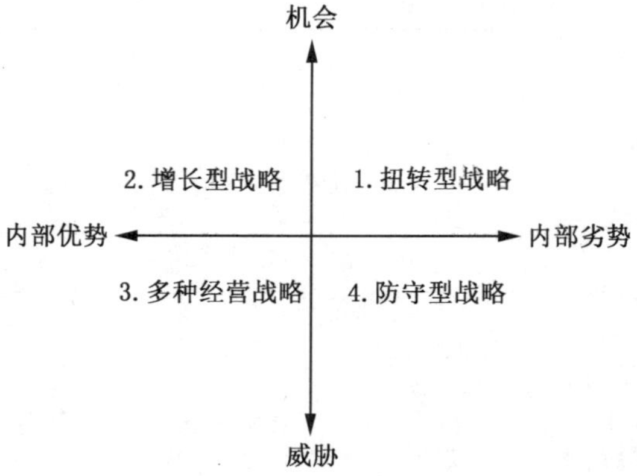

图 4—8 选择公司层战略

企业处于有利的外部环境中，但是企业内部的各种资源不存在优势，这时企业需要制定扭转型战略，消除劣势带来的不利影响，以求最大程度利用外部的有利机会。

企业具有一定的内部优势，但是却处在外部环境的威胁之下。这时企业应该充分利用和发挥内部的优势，制定多种经营战略，以分散、削弱外部环境带来的不利影响。

第5章　公司层战略

公司层战略是为完成企业使命和企业目标服务的，它是指导企业经营管理的综合性蓝图，是从企业发展全局出发而做出的较长时期的总体谋划和活动纲领。

制定公司层战略是为了解决企业始终面临的三个基本问题：

①面对条件变化可能带来的威胁，企业应当怎样反应，以利用新机会，减少外界条件变化带来的不良影响。②在不同的业务、不同的部门、不同的行动之间，企业应当如何分配自己的资源。③在企业从事的行业中，企业应当如何与每一个同行业企业竞争。

企业高层管理者应把精力集中于企业经营战略的制定和实施。在美国进行的一次调查中，有90%以上的企业家认为："最占时间、最重要、最困难的事就是制定战略规划。"通用电气公司前董事长韦尔奇说："我整天没有几件事，但有一件做不完的工作，那就是规划未来。"

5.1　发展型战略

发展型战略是当市场机会较多时（例如企业所在行业在发展），企业增大投入、扩张企业规模、进入更多市场领域时采取的战略，是企业在现有战略基础上向更高一级目标发展的战略。

企业采取发展型战略的重要原因：追求发展是企业的本性；环境因素的（推动）作用；领导人的价值观导致。

发展型战略实现途径：通过投入资源、扩大产销规模，提高市场占有率；通过改善内部管理环境，走内涵发展道路；通过创新，发现新需求和新市场。

对发展型战略而言，可供选择的发展方向如图5—1[1]所示，具体分析见5.1.1～5.1.3小节。

	当前产品	新产品
当前市场	市场渗透 （稳定；撤退/收缩）	产品开发
新市场	市场开发	一体化 相关多元化 不相关多元化

图5—1　企业发展型战略的选择方向

发展型战略的类型：集中型发展战略、一体化发展战略、多元化发展战略、国际化战略。

5.1.1　集中型发展战略

集中企业的资源，以快于过去的速度增加某种产品的销售额或市场占有率。是企业在原有业务范围内，充分利用产品和市场的潜力，求得成长的战略。包括市场渗透、市场开发和产品开发战略。又被称为加强型战略，因为它要求加强努力的程度，以提高企业在现有业务方面的竞争地位。

集中型发展战略的具体做法有：扩充现有产品（包括增加产量、增加功能等），在产品线内开发新产品，扩大销售范围，通过营销措施[2]向竞争对手的市场渗透。

① 1.3节用此图/表分析（内、外部）资源配置，这里分析公司层发展型战略。

② 例如降价、广告、促销、结合营销功能和社会功能的活动、紧紧跟随竞争对手的策略。

(1)市场渗透战略

市场渗透战略是企业通过更多的市场营销努力,提高现有产品或服务在现有市场中的销售收入。市场渗透战略的适用条件:企业的特定产品与服务在当前市场中还未达到饱和;现有用户对产品的使用率还可显著提高;在整个产业的销售增长时,主要竞争者的市场份额下降;在历史上销售额与营销费用曾高度相关①;规模增大可带来很大的竞争优势。

市场渗透战略的实施措施:把产品卖给从来没有使用过本企业产品的用户;把竞争者的顾客吸引过来;引导使用者更频繁地使用。

图 5-1 表示,市场渗透战略也可被用于公司层战略中的稳定型战略和紧缩型战略(例如榨取战略)。

(2)市场开发战略

市场开发战略指将现有产品或服务打入新的市场。市场开发战略的适用条件:可得到新的、可靠的、经济的和高质量的销售渠道;企业在当前经营的领域很成功;存在未开发或未饱和的市场;企业拥有扩大经营需要的资金和人力资源;企业存在过剩的生产能力;企业的该业务属于区域扩张型或正在迅速全球化的产业,这表明了该业务的发展趋势,可以采用市场开发战略。

市场开发战略的实施措施:将本企业的原有产品打入从未进入过的新市场;在新市场中寻找潜在用户,激发其购买欲望,扩大在新市场中的占有率;企业也可以考虑增加新的销售渠道,灵活运用各种中间商的销售途径,开发新的市场。

市场开发战略比市场渗透战略具有更广阔的成长空间,但风险也可能增大。

(3)产品开发战略

案例

希捷公司延误的产品开发战略

20 世纪 80 年代,希捷公司是 5.25 英寸硬盘驱动器的主流供应商。3.5 英寸硬盘驱动器面世后,希捷公司也积极开发此新型产品,不过其主要客户并不

① 所以有理由、有信心增加营销费用,增强营销力度,将有更多回报。

感兴趣。希捷公司的高级管理人员也“理性”地判断：3.5 英寸硬盘从性能和利润两方面都无法与 5.25 英寸硬盘相比，对公司无甚价值。希捷公司于是搁置新产品，继续加强研发原有产品。

希捷公司以及其他制造 5.25 英寸硬盘公司的一些员工对这些公司迟迟不把 3.5 英寸硬盘投放市场感到失望，于是他们自己成立了一家新公司——Conner 计算机外部设备公司，为手提电脑和桌面个人电脑（新兴市场）提供 3.5 英寸硬盘。至 1987 年年底，3.5 英寸硬盘已达到个人电脑主流产品需要的存储能力，希捷公司的经理这时才把搁置的 3.5 英寸硬盘产品投放市场，可惜为时已晚。①

希捷当初的选择代表了许多实力雄厚的公司对新技术和新产品的反应，例如柯达“雪藏”自己发明的数码相机，唯恐其损害现有的胶卷业务的利润，施乐把自己发明的图形操作界面束之高阁，结果被斯蒂夫·乔布斯“巧取”了去。希捷公司当时也因为新产品的利润和市场需求不明朗，而搁置之。

迈克尔·波特虽然也提醒人们，要重视利润，不要一味关注市场份额。但是对管理学家们的忠告也要有选择地、因地制宜地采用。上面的这些例子就说明，如果过于看重利润指标，就有可能错过发展机会。不同国家的人对上述问题有不同的选择倾向。欧美人较倾向于巩固好已有市场，再图扩张；而日本、中国人则较倾向于一往直前，尽量先抢占市场。在这一点上，欧美经营者对中日经营者感到头痛。

集中型发展战略的优点：目标集中，管理方便，有利于集中使用资源；通过专业化生产，实现规模效益。集中型发展战略的缺点：对环境的适应能力较差，经营风险大，因为相对而言业务较集中，集中于原有产品（对市场渗透战略和市场开发战略而言），类似“把鸡蛋都放到一个篮子里”。

5.1.2 一体化发展战略

一体化战略指企业充分利用自身在产品、技术、市场方面的优势，向经营领域的深度（纵向）和广度（横向）发展的战略。一体化战略主要有三种类型：后向一体化战略、前向一体化（前两者统称为纵向一体化）战略、横向一体化战略。

① 侯章良，刘立新. 战略管理最重要的 5 个工具[M]. 广州：广东经济出版社，2008.

例如汽车公司开办发动机制造厂和钢板生产厂（在价值链的后端/后向）；汽车制造公司开设销售公司和维修厂（在价值链的前向）。横向一体化的例子如，企业收购或兼并同类产品生产企业以扩大经营规模的成长战略。一体化战略属于长期战略。

罗纳德·科斯认为市场运行是有成本的，即交易成本，当市场交易成本大于能完成同样功能的企业活动的（内部交易）成本时，可把市场交易（企业）内部化。市场交易比企业内部交易明显多出的成本包括交易搜寻成本（即使在当今的电商时代仍不可避免，只不过程度有所减弱，搜寻成本有所降低）和讨价还价成本。以一个长期契约代替一系列短期契约，从而减少契约数量，简化契约调整过程，节约交易费用。一体化战略的理论依据还包括范围经济效应和规模经济效应等。

但企业的一体化规模也并非越大越好，因为企业内部的管理成本会随规模增长而上升。企业的边界应该设定在企业内部交易的边际费用等于市场交易的边际费用这个临界点附近。从另一个角度看，企业的管理效率越高，内部协调成本越低，该企业的并购规模就可以越大。

对一体化或市场交易的选择，以及对垂直一体化销售渠道或外部渠道选择时，资产专用性和不确定性是两个重要标准。专用性较高时，往往需要一体化；反之，往往选择外部交易。不确定性较低时，一体化的交易成本可能更高。

（1）纵向一体化战略

纵向一体化战略就是将企业的业务活动范围向价值链的后端扩展到供应源，或者向前扩展到（或接近）最终产品、最终用户处，如图 5－2 所示。图 5－2 中的细箭头线指明了价值链方向。

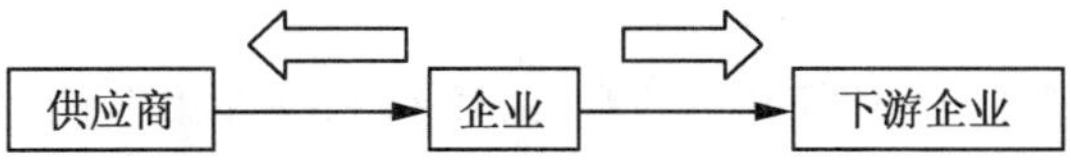

图 5－2　纵向一体化战略扩展了企业的业务活动范围

①前向一体化战略——利用现有产品生产新产品或整体产品，或者自行销售产品。前向一体化战略的优势：降低产品成本；增强产品的差别化能力；增强

生产经营的稳定性;增加了竞争对手的进入障碍。下文解释一下上述优势产生的原因。

a. 前向一体化产生的协同效应或范围经济效应有利于降低成本。

b. 本企业的专有或定制零部件与市面上的标准零部件之间有较大的差别。

c. 实施前向一体化战略后,企业自我控制的生产经营环节更多了,内部调节能力增强,因而稳定性增强。后文有进一步的解释。

d. 实施前向一体化战略后,本企业更庞大的规模及规模经济将增强竞争力,对手更不敢进入该行业。

前向一体化战略的适用条件:企业现在利用的销售商的成本高昂,或不可靠,或不能满足企业的销售需要;可利用的高水平的销售商数量有限,采取前向一体化战略的企业将获得竞争优势;企业处于的行业正在明显快速增长或预计将快速增长①;企业具备前向经营的资金和人力资源;企业需要保持生产的稳定性;本企业现在使用的经销商或以本企业产品为原料/零部件的企业的利润丰厚,这也是本企业采取前向一体化战略的参考依据。

前向一体化战略可降低产品积压的风险,因为可以内部消化零配件(价值链上的前向子公司能消化一部分产品)、整体产品(集团自身的经销公司也能销售一部分产品),所以生产稳定性得到了保证。保持生产的稳定性既是前向一体化战略的适用条件,也是前向一体化战略的优势。

②后向一体化——把企业生产需要的原材料和零部件由外部供给(部分地)改为自己生产。企业采取后向一体化战略主要基于以下考虑。

a. 可以降低生产成本,其有效条件是:当企业需要原材料的量很大,采取后向一体化战略可以获得供应商拥有的规模经济;在保证原材料生产质量的前提下可以赶上或超过供应商的生产效率。

b. 现有供应商拥有相当可观的利润,这是本企业采取后向一体化战略的参考依据。

c. 企业所在行业迅速发展,供应商数量少、产量少,而需求方竞争者数量多,供应商的讨价还价能力很强。要摆脱这种困境,需要自我供货,降低原材料

① 所以在该行业布局更广能获得更多的利润。

或零部件采购成本。

d. 企业自己生产供应品后，能提高产品和服务的质量——从价值链的上游开始提高。

e. 能够更好地掌握对本公司的战略起关键作用的技术，建立或加强本公司的核心竞争力。

f. 可以产生以差别化为基础的竞争优势，增强那些增加客户价值的特色。例如3.1.3小节案例中的一些公司与卡西欧对比的例子表明：前者购买市面上的标准化芯片，只能提供通用的、一般的功能；卡西欧自己设计、生产芯片，因而能提供特殊的、强大的功能。

g. 降低依靠供应商提供关键零配件或支持服务带来的不确定性（这正是2018年中兴公司面对美国政府的出口限制，应当吸取的惨痛教训），降低本公司遭遇不失机会抬价的供应商的风险。

h. 更有可能形成强大的竞争优势，增加竞争对手的进入障碍。

案例

福特汽车公司实施了程度较高的后向一体化战略。它曾把生产经营范围向后延伸至钢铁、矿山、轮胎、橡胶、玻璃等领域，通过后向一体化控制原材料成本，并通过统一、严密的生产控制系统使其生产流程大大加快。

福特公司宣称：星期一它从拥有的矿山开采出铁矿石，由自己的船队运入钢铁厂；星期二把铁水浇入铸模，当天晚上变成发动机；星期三下午就被装配到车辆中；星期四即进入市场销售环节。最快时，福特在矿山开采阶段投入的资金经过100小时左右就完成流动过程被收回了！[①]

实施纵向一体化战略的优点为：

实现对产品增值过程的有效控制[②]，以便降低成本，减少风险；更好地掌握

① 龚荒. 企业战略管理——概念、方法与案例[M]. 北京：清华大学出版社，北京交通大学出版社，2008.

② 将企业间的价值链转换为企业内的价值链，从而能有效控制。

市场，增加产品的市场适应性；获得规模经济和范围经济效益；稳定供求[①]关系，规避价格变动；提高与竞争对手之间的差异程度，树立经营特色。

实施纵向一体化战略的缺点有：

①纵向一体化会增加公司在本产业的投资，增大风险——“把鸡蛋都放在一个篮子里”。

②纵向一体化使公司依赖自己的内部活动而不是外部供应源，随着时间的推移，这样做有可能变得比外部资源昂贵，同时削弱公司在产品种类方面的丰富性（依情景而定）。有时候外部供应源提供的产品可能更丰富，例如苹果手机的封闭平台上的软件就没有安卓开放（开发）平台上的软件丰富。

③后向一体化进入零配件的生产可能使公司的生产灵活性更弱，改变设计和模型的时间更长，公司将新产品推向市场的时间更长（依情景而定，例如买市场上的现有零部件可以节省时间和精力），同时经营方向的调整也更困难——船大难调头。

④一旦实行纵向一体化，企业可能缺乏活力，因为管理者会过多地重视自己的一体化领域而忽略了外部机会。

⑤从宏观角度看，实施纵向一体化战略将导致企业“大而全、小而全”的状况，无法利用企业的专业化分工优势。

⑥需要保持价值链各阶段的生产能力的平衡。本来是产业内（供需量）的自适应调节，实施纵向一体化战略后则是企业内的价值链平衡，增大企业的平衡难度。

⑦实施一体化战略需要不同的业务能力。

⑧需要投入较多的经营资金。

⑨增加管理难度，可能致使财务紧张，企业无法专注于核心业务，削弱核心竞争力。

是否实施纵向一体化战略，需要基于对本企业的内外环境的深入全面分析之上，其中对本企业所在产业链上下游环节的利润结构分布的分析就很重要。

---

① 同时使用外部供应和内部供应（实施后向一体化战略情景中），同时满足外部需求和自身需求（实施前向一体化战略情景中），由于内外部的互补性，稳定了供求关系。

例如，在个人电脑行业，两个巨头英特尔和微软公司都没有通过垂直整合，自己制造和销售电脑。比尔·盖茨还曾谦虚地说，他们只擅长开发电脑软件，对制造电脑并不在行。实际上，这两个巨头仅仅通过分别提供微处理器和操作系统等软件，就吞下了此产业大约3/4的利润。

IBM退出个人电脑业务从另一个角度说明了该产业链的其他环节在"瓜分"产业利润方面的被动局面。再从更广泛的角度看，许多企业把一些业务外包出去，这样一个逆纵向一体化的行动，也正是基于自身利润获取或经营效率的思量。

(2)横向一体化战略

横向一体化战略是企业通过购买与自己有竞争关系的企业，或者与之联合，从而扩大业务，获得更多利润的发展战略。横向一体化后的企业必须进行相应的业务流程重组和优化，才能发挥企业的管理协同、技术协同以及资源协同的优势，因此组织变革、文化变革、人事变革都是必需的。

在国际并购中，文化变革很重要。例如被并购德国汽车公司的员工不认同美国汽车公司的管理文化，或者被并购韩国公司的员工不认同中国公司的企业文化，都会给并购方的经营带来巨大阻力，因此需要文化变革。

实施横向一体化战略的优点：能够减少竞争对手；形成更强的竞争力量；能够取得规模经济效益，并获得现成的技术和管理经验；增强生产经营能力(由于技术互补、资源互补等原因)，扩大市场份额，提高资产利用率，减轻竞争压力(因为竞争对手少了)；同时不偏离企业原有的经营范围和核心技术，因而管理难度相对较小，风险相对较小。

实施横向一体化战略的缺点：企业须承担风险；企业由于过于庞大而出现机构臃肿、效率低下的情况；对同一产业投资过多，一旦市场衰退，转变经营的难度大、成本高；还容易成为反垄断组织和政府管制的靶子。

成为反垄断组织和政府管制的靶子是巨型企业的风险。微软曾遇到反垄断诉讼，要不是2008年金融危机，差点儿被一分为二。国际上四大会计师事务所，其中的三家不得不力保濒临倒闭的另一家，否则剩下的三家就会面临被拆分的厄运。

案例

2006年，谷歌以17亿美元收购YouTube，以发展视频类广告，降低对搜索类广告业务的依赖。谷歌继而进一步使自身由“轻”（轻资产经营）变“重”，从相关多元化到不相关多元化，不断向全产业链迈进。现在，谷歌成为一个集网络搜索服务及生产手机、平板电脑和机顶盒的综合企业，把自己在互联网世界建立的优势向移动平台领域延伸，与苹果、脸谱等公司竞争。①

与一体化战略背道而驰的是分解战略，例如通过外包，企业可利用供应商的资源和能力，实现最有利的经营。

5.1.3 多元化发展战略

多元化发展战略（Diversification Strategy）指企业同时生产或提供两种以上基本经济用途不同的产品或服务，通过开发新产品或开展新业务以扩张规模，提高盈利水平。

采用多元化战略的原因如下：

①外部环境迫使企业选择多元化发展：实施多元化战略能获得范围经济效益；规避所在行业萎缩风险；政府反垄断措施的影响——如果不能在同一业务上规模太大，则需要把剩余经营能力投向其他业务。

②企业的内部因素促使企业选择多元化经营：企业需要利用富余的经营资源；多元化经营可降低企业风险（依情形而定）；多元化经营使企业出现内部交易，可降低交易成本；企业主导产品的销售增长缓慢甚至下滑。

多元化战略选择包含以下内容：是否进入一个新行业及决定进入方式；高度多元化还是低度多元化；是自建新公司、兼并其他公司、与其他公司合资还是采取战略联盟；确定投资重点，使公司的资源向最有吸引力的业务单元集

---

① 汪新波. 谷歌的成长战略：从核心到外围[OL]. 价值中国网，http://www.chinavalue.net/Management/Article/2012－4－8/199102.html，2012－4－8.

中——各个业务的投资收益率是不同的。

(1)相关多元化战略

相关多元化指新产品或服务与原有的产品或服务在大类、生产技术、营销方式上相似或相关，可以共同利用本企业的专门技能、设备、渠道或顾客等。相关多元化又分为同心多元化和水平多元化。

①同心多元化又称关联多元化，以企业的现有设备、技术能力和优势资源为基础，发展与现有产品和服务关联的新产品和新服务。

同心多元化战略实现途径：生产或提供与原产品或服务很类似的产品或服务；改进现有技术，制造其他产品，例如改进生产化肥的技术以生产农药；充分利用已有原材料，例如家具厂利用边角料生产玩具；收购其产品与本企业的产品相关的企业，例如妇女化妆品店收购珠宝店或其他妇女用品店，它们的服务对象相同；利用企业的商标和信誉，例如耐克公司除生产运动鞋，还生产运动服、背包，雀巢除生产咖啡还生产柠檬茶。

②水平多元化是针对现有市场和顾客，通过采用新技术、增加新业务实现的多元化经营，类似产品开发战略。

案例

2006 年，谷歌以 17 亿美元收购网络视频公司 YouTube，以此发展显示类广告（水平多元化，它原来只有搜索类广告）。开发网络浏览器 Chrome，在全球拥有 10%的市场占有率。

相关多元化战略的理论基础如下：

①投资组合理论。通过不同业务种类之间、不同业务周期（不同业务分散在引入、发展、成熟或衰退期）之间的差别分散风险。

②协同效应原理。

③范围经济效应。当同时生产两种产品的费用低于分别生产每种产品所需成本的总和时，即为范围经济。

④技能扩散作用。

(2)不相关多元化战略

不相关多元化战略指进入与原先产品的领域不同的经营领域。

不相关多元化战略的实现途径/适用条件:现金流量大、发展机会少的企业可并购机会多、现金流量小的企业或业务;具有周期/季节性业务的企业,可兼并或自己创建相反周期的企业或业务,不但能实现多元化,还能利用对冲效果规避风险;收购不相关却有良好投资机会的企业,低价收购陷入困境的企业,投入现金和管理技巧,提高其盈利能力。

不相关多元化战略不太关注新业务与原业务的协同性,关注利润、发展机会以及分散风险。

不相关多元化战略的优点:由于新业务和原业务的技术、运营、市场没有太多联系,不容易出现多个业务同时运营不佳的情况,所以能分散经营风险;综合利用资源,例如利用闲置资源和过剩生产能力;增强企业的应变能力(依情形而定,例如拥有多项业务,因而拥有多个选择,适应市场变化的应变能力强)。

不相关多元化战略的缺点:导致机构膨胀,资金量需求巨大,决策缓慢,对市场不敏感,患上"大企业病",这正是20世纪90年代央企的教训;加大管理难度;进入新行业后,企业不一定具备相应的管理经验和技能(行业关键成功因素、竞争优势等);各业务之间缺乏战略一致性和协同性,难以发挥协同效应,导致"1+1<2"的情况。

相关建议:选择不相关多元化战略时,企业要有明确的目标;确保至少能利用原先的生产要素之一或竞争优势之一;进行战略规划时能正确评估自身,企业家不能盲目自信。

案例

谷歌收购了移动设备操作系统安卓,截至2013年年底,其全球市场占有率已超过80%。谷歌收购安卓后不但能利用安卓的开发力量,还能利用谷歌原有的强大开发优势。

谷歌超越了自身赖以成功的商业模式(搜索类广告),由轻资产经营到重资产经营,从核心到外围,不断向全产业链迈进,成为一个提供网络搜索服务及生产手机、平板电脑、机顶盒的综合性企业。谷歌将自己在互联网世界建立的竞争优势向移动平台领域延伸，与苹果、微软等企业竞争。①

多元化（包括相关和不相关多元化）经营战略适合大中型企业，该战略能充分利用企业的经营资源，提高闲置资产利用率。通过扩大经营范围、降低经营成本（源于规模经济效应、范围经济效应、协同效应等因素）、分散经营风险、增强综合竞争力。但实施多元化战略应考虑所选行业的关联性、企业控制力及跨行业投资风险。

（3）讨论

企业应该远离多元化还是拥抱多元化？

①反对多元化的一方的观点

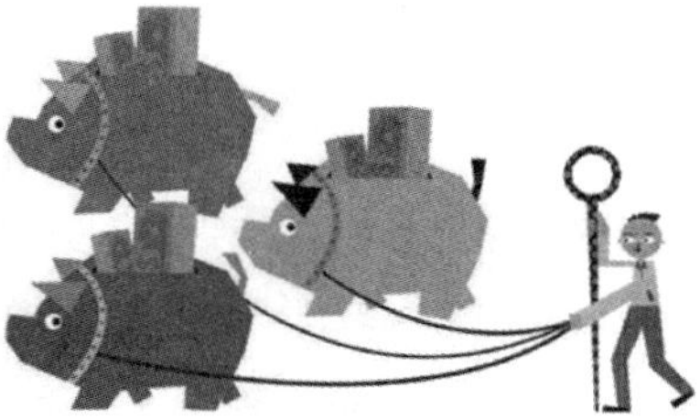

美国 500 强企业的前 10 名里有石油公司、汽车公司、零售公司、金融公司、技术公司等，但只有通用电气一家是多元化发展的企业。通用电气不是我们实行多元化的借鉴。另见表 5—1“2017 年美国 500 强企业前 10 名排行榜”，通用电气已不在此排行榜中。

表 5—1　　2017 年美国 500 强企业前 10 名排行榜

排名	公司名称	营业收入（百万美元）	利润（百万美元）
1	沃尔玛（Wal-Mart Stores）	485 873	13 643
2	伯克希尔—哈撒韦公司（Berkshire Hathaway）	223 604	24 074
3	苹果公司（Apple）	215 639	45 687
4	埃克森美孚（Exxon Mobil）	205 004	7 840
5	麦克森公司（McKesson）	192 487	2 258
6	联合健康集团（UnitedHealth Group）	184 840	7 017
7	CVS Health 公司（CVS Health）	177 526	5 317
8	通用汽车公司（General Motors）	166 380	9 427
9	美国电话电报公司（AT&T）	163 786	12 976
10	福特汽车公司（Ford Motor）	151 800	4 596

① 汪新波．谷歌的成长战略：从核心到外围［OL］．价值中国网，http://www.chinavalue.net/Management/Article/2012—4—8/199102.html，2012—4—8.

世界上像通用电气这样发展得很成功的多元化企业其实并不多，李嘉诚也是长期有效经营不相关多元化业务的高手。在国内，例如格力集团不再专注于空调，然而其大松小家电、晶弘冰箱、手机以及新能源汽车的战略实施结果都显示，格力的多元化战略（有人认为格力的多元化战略是被逼出来的）开的花多，结的果少。

案例

联想的多元化之路

2014 年联想斥资 23 亿美元收购 IBM 的 X86 服务器业务；同年斥资 29 亿美元收购摩托罗拉移动，因而成为全球第三大智能手机厂商。但市场份额瞬间暴涨并不意味着联想多元化战略的成功。联想 2015 年第二季度财报显示，其净亏损高达 7.14 亿美元，成为 2009 年以来首次亏损季度。

企业的多元化发展战略失败的一些原因：对新进入的领域的前景（前景并不好）分析有误；盲目相信本企业的能力；多元化程度过高，难以掌控。

②支持多元化一方的观点

目前中国企业的多元化程度不是过高，而是过低。以中日企业比较为例，中国主要产业的平均多元化率（某产业内多元化企业的比率）为 13.7%，而日本的为 53.8%。

有人把美国 20 世纪 80 年代兴起的“归核化”浪潮作为证据，支持反对多元化经营这个观点。美国的“归核化”使其企业多元化程度大幅度降低，但其多元化经营程度仍远高于中国企业，例如归核后的 GE 公司仍横跨十几个行业。归核化不等于专业化，我们可将之理解为中等程度的多元化、相关多元化，强调发展核心业务的适度多元化。

从国际竞争能力看，中国企业的首要问题是取得竞争的资格，其中一个重要方面就是达到与外国大企业相当的规模①，而多元化是实现这个目标的有效方式。所以除个别更适合专业化的行业，中国企业（尤其是大企业）应将多元化

① 还有技术、创新、资金、人才等。

经营作为企业发展战略的重要内容。

例如海尔的经营范围涵盖家电、通信、信息技术、家居、软件、物流、金融、旅游、房地产、数字家庭、生物医疗设备等。大连万达的业务涵盖商业地产、高级酒店、文化旅游和连锁百货。2016年万达首次进入世界500强,位列第385位。

③作者关于上述讨论的分析和结论

上述关于多元化(不管是相关还是不相关多元化)的辩论或讨论的正反两种观点,均有其理论和实践依据,常常给人们以下感觉。看了一些案例,觉得多元化经营风险很大,而且常常导致失败,而且失败并非无缘故的,往往有其深层原因——经营资源分散,业务间难以协同,竞争面扩大("树敌"更多),等等。例如德隆集团、三九集团、巨人集团的多元化灾难。

而看了另一些案例,又会觉得多元化经营也完全可行,一些企业家们(不管是知名的还是名气并不大的)把多元化战略实施得有声有色,甚至游刃有余,例如杰克·韦尔奇、李嘉诚的经营情况。一些案例甚至说明,一些企业由于路径依赖,或由于产品观念较重,未及时采取多元化战略以分散经营风险,结果被市场淘汰,被时代淘汰,例如柯达。

难道我们既不能赞成多元化,也不能反对多元化,是否采取多元化战略成了一个模棱两可的问题?其实不能这么看待这个问题。关于此问题,一个言简意赅的回答就是:应该因地制宜,根据企业的实际情况选择或不选择多元化战略。

这个答案完全具有可行性。一个有战略眼光的企业家,他/她应该能看出自己的企业是否需要实施多元化战略以分散经营风险,或适应市场变化,适应时代变化,或者通过多元化加快企业的发展,获得协同效应、规模经济效应和范围经济效应,等等。他/她也应该能够洞察,自己的企业目前是否具备足够的条件实施多元化战略,多元化战略会否大大妨碍原来的主业,明显削弱主业的竞争力,会否导致资金紧张,等等。

而且深究前人的案例,也能看到,为什么有的企业适合多元化战略、需要多元化战略,以及这些企业的科学有效的实施方法和大胆英明的领导者;为什么有的企业不适合多元化战略,及其低效、错误的实施方法。例如百事可乐的饮料主业不宜被多元化战略拖累,饮料不会被时代淘汰。

5.1.4 国际化战略

在21世纪，任何渴望成为行业领导者的企业都必须在全球范围内进行战略思考和行动。英特尔主席格罗夫说，实施国际化战略需要解决四个问题：是提供(适用于东道国或境外经营所在国的)本土化产品，还是全球相对标准化产品；是采用相同的竞争战略，还是针对不同目标经营国调整；如何安排产业链才能实现最大区域优势；如何将一国的资源和能力优势扩散到另一国。在重视产品国际化的同时，也同样须重视渠道的国际化。

国际化经营的动力有如下几点：

①为了接近顾客。例如一些外国公司因为其大客户到中国发展，也到中国设子公司；可以接近中国市场的新客户；新设于中国的子公司也可继续做原国的业务，甚至可降低人力成本。扩张到国外是为了增加收益、扩张市场，以及长期增长。国内市场成熟、饱和后，国际化战略是必然选择。

②为了获得更低成本和提高公司竞争力，充分利用国内外两个市场、两种资源。例如在国内能源开发潜力已经不足的情况下，跨国能源收购已成为必然选择。在跨国资源整合方面(把我国的资本、技术和人力投向非洲、南美、中东石油市场)，中石油、中石化、中海油的海外油气产量占其油气总产量的比重只有约30%；而英国石油公司、美国的埃克森、法国的道达尔的海外油气产量比重分别为89%、84%和70%。所以说，在跨国资源整合方面，我国还不能停止脚步。

③在全球范围最大可能地利用自己的核心竞争力。

④在全球范围分散经营风险。

文化、生活方式差异是国家之间最显著的差异，人口、市场环境紧随其后。为了充分了解和把握这些差异，三星集团每年都会送400名经理到国外，并给予12个月的资金补助，让他们做自己想做的事。唯一的要求是，当他们回国时，他们必须表明自己精通游历国的语言和文化。跨国企业必须决定提供本土化产品还是全球相对标准化产品。目标国有无区位优势,包括较低的生产成本、管制宽松、接近供应商和原材料、原材料价格优势、产业集聚、招商引资政策方面的优势等。

（1）多国战略

多国战略适用于企业的跨国业务活动在东道国（目标经营国）之间不直接联系和影响的产业,如保险业、零售业、银行业。多国战略的业务特点[①]如下：

①东道国对产品和服务有特定需求。东道国的经营环境越多样、差异越大,越适用多国战略,跨国企业为每个东道国制定的战略有很大不同。

②各国销售渠道有很强的国别差异。

③跨国公司在各东道国的子公司对母公司研发成果的依赖程度低。

④跨国公司在某一国的经营活动对另一国的同类业务没有太大影响,各子公司有较大的经营独立性;母公司的战略是其在各个东道国的子公司的战略的叠加。

多国战略和这些特点导致企业的资源和能力跨国扩散困难,无法建立统一的竞争优势,如低成本优势。

（2）全球战略

全球战略适用于企业的国际化业务活动具有跨国影响的产业,如汽车、计算机、家电业等。全球战略的业务特点、适用条件如下。

①不同国家对产品的要求基本相同,跨国企业以生产标准产品为主,只是在最后加工阶段才加上少许地区特征,例如戴尔电脑的情况即如此。

②生产规模大,需求较大。

③各东道国政府对外国投资的限制较少,否则跨国企业需要较多地适应各国的情况,即难以实施全球战略,而可能需要实施多国战略。

④业务的技术含量高,需要较多研发经费,因此需要在全球范围内采用,加以分摊。

⑤跨国企业在某一国的经营活动的变化,对另一东道国的同类业务有很大影响。各子公司没有较多决策权;母公司考虑其全球资源和能力,制定全球战

① 部分特点也是多国战略的适用条件。

略，让各个东道国的子公司执行，并对子公司的活动严密控制——通过产权或股权控制。

案例

福特于20世纪90年代中期实施全球化战略，试图制造它规划的环球汽车，也就是蒙迪欧。可惜该产品和战略都失败了。

大多数跨国竞争者都在顾客需求的准许范围内，尽量运用全球战略（有规模经济效应，成本低），但采取全球战略时，跨国公司也不能忽略东道国市场的特殊情况。全球战略和多国战略在价值链分配①、利用资源方面的差别很大，由此产生出国际市场战略、国际制造战略、国际产品开发战略、国际产品战略等战略形式。

①国际市场战略。在全球各处销售产品或服务。

②国际制造战略。考虑是否在国外生产产品及生产地点和规模。

③国际产品开发战略。从全球需求角度，安排新产品的开发资源，要求本公司在全球的各营销部门合作，完成统一的营销任务。

④国际产品战略。生产符合全球各个地区要求的标准产品，依赖行业国际标准的制定和执行。市场追随者一方面能享受既有行业国际标准的好处——获得规模效应；另一方面，生产、销售这些标准产品，须向（行业）标准制定者支付专利费。

关于行业标准及是否收费的一些例子：软件公司为了兼容微软的 Office 软件，使用微软的代码，须付专利费，仅为 Office 软件开发接口，无须付专利费；应用软件兼容微软的 Windows，未使用 Windows 代码，该应用软件开发商无须付专利费；生产兼容计算机的公司，须购买主板等配件，无须支付专利费。

高通、思科、华为，它们互相向对方支付专利费。通信行业的标准主要在通

---

① 规划、确定各经营环节创造价值的大小，某个环节创造的价值大，获得的利润也应该多，例如苹果公司和耐克公司的国际价值链的价值分配情况。

信协议、编码方面，哪家企业的技术高效、方便，受到大多数客户的青睐，即有可能形成标准；继而形成各企业、整个行业的规模经济效应，成本降低，客户受益。企业不能依赖标准的出现，而要努力成为标准制定者，所以上述三家公司在制定通信行业国际标准方面竞争非常激烈。

案例

海尔自我衡量的跨国公司标准

已经有了本土化的美国海尔、欧洲海尔和中东海尔，海尔是否称得上是跨国公司呢？海尔的领导层认为还不能。本土化是跨国公司的必要条件，并非充分条件。他们认为，跨国公司须满足三个条件：①品牌的美誉度和顾客的忠诚度；②每一主导产品在全球范围都拥有相当的市场份额；③每个海外公司对当地市场有相当程度的控制。

海尔基于自身的情况，衡量这三个条件的结论：海尔基本上满足第一个条件；与满足第二个条件之间还有距离（当时海尔冰箱的年产量需翻3倍才能占全球市场需求的10%）；对满足第三个条件，才刚起步——说到海尔，人们往往想到的是青岛的海尔。那么，海尔何时才能成为符合标准的跨国公司呢？等到青岛海尔成了全球海尔中并不出众的一部分时——这就是海尔的答案。[①]

中集集团在与跨国巨头的竞合中成长

中集集团总经理麦伯良表示："作为一名企业家，当很多人和你判断一致的时候，要做出决策并不难。当你面对很多不同意见、很多反对声音的时候，要做出决策才是最有挑战性的。"（在此之前，中集借助与日本住友商社合作，一跃成为干货集装箱世界第一制造商）

1995年中集集团进入冷藏箱业务时，麦伯良就做出了一个富于挑战性的决策。麦伯良说：当时在这个领域技术最先进的国家是德国和日本，日本人建议用铝材，德国人则说未来是用不锈钢。尽管当时世界上95%以上的冷藏箱产品

① 于勇，严志刚. 经济日报，1999－6－24.

都是铝制的，尽管有重重反对意见，麦伯良经过仔细研究，还是决定使用不锈钢方案。这一决策最终改变了整个行业的生态。

中集当时面临的竞争态势是，在冷藏箱制造的核心技术方面还须依赖技术引进。日本的铝制集装箱技术虽然是当时市场中的主流，但由于日本企业当时还具备强大的制造能力，它们不可能把核心专利轻易转让给中国企业。

这一点已经在中国当时的家电业发展中充分体现。中国家电企业虽然凭借渠道优势迅速崛起，但在高端技术和核心专利方面却不得不长期仰人鼻息。核心技术缺失使中国家电企业一方面难以通过技术创新走出价格战的恶性循环；另一方面，支付高额的专利费又使许多家电厂家成为国外专利拥有者的高级打工者(后来中国家电企业逐渐改变了这一状况)。

当时在中国集装箱市场也存在着相似的专利“瓶颈”。不排除日本集装箱制造企业克隆家电领域的“日本模式”，把中国相关企业控制在低端恶性竞争的层次。而掌握钢制集装箱技术的德国企业并非业内知名制造商，通过规模化生产才能显示其效益的专利推广才是它们真正关心的。

在这种情况下，中集与德国企业这样的弱势合作伙伴合作，利用自身在全球份额方面的优势，对已经相对定型的国际集装箱市场重新洗牌，通过改变行业标准获得国际市场中的优势。

获得专利授权后，中集还开始了一系列自主创新。掌握核心技术也成为中集新一轮扩张中的王牌。在收购韩国现代集团的青岛工厂时，中集在谈判中表示：既不需要对方的技术，也不需要对方的品牌使用权。结果把对方1.8亿美元的报价压低到1 920.66万美元成交，还不到该工厂实际价值的一半。

后来德国公司发现靠专利授权收费是一种“鸡肋”，索性以不高的价格把冷箱一揽子专利全部转让给中集，“解脱”了事。自此，中集彻底掌握了冷箱的全部技术。

中集在与跨国巨头的合作中借力打力，到2004年，已成为全球唯一的全系列集装箱制造商和供应商，拥有600多项自主专利，占有世界集装箱份额的50%以上。

国家经贸委(前)的一份调查报告说：“在相当多的领域，国外大公司把制造基地转移到中国，行业主导权不在中国企业手中、产品技术发展的主导权不在中国企业手中、利润的主要部分也不在中国企业手中……中集在国际竞争中发展壮大的经验，能够为我国其他大企业的发展提供有益的借鉴。”

我国企业与跨国企业的竞争格局是“你中有我、我中有你”，我国企业应当与跨国企业优势互补，在国际市场有效竞争。[①]

华为的国际化措施

华为在海外工作的员工数目占其员工总数的1/4左右。华为几乎把所有的高层管理者都“赶”到海外去开拓海外市场了。华为海外市场的销售业绩基本上是华为派驻的员工做出的。

在开拓国际市场的初期，使用自己的人才便于总部与其沟通和直接管理，利于彻底贯彻总部的战略意图。从本国派出的人员能很好地传承公司的文化，有很强的执行力。

随着华为国际化的深入推进，华为也有步骤地培养当地的人才，给当地人才开放更多的高级职位，让当地人才逐渐替代华为派驻的员工。[②]

吉利收购沃尔沃中的竞争决策

2009年7月，在最后一次竞标时，美国的皇冠公司和瑞典财团突然杀出，报价一度攀升至28亿美元（吉利最终的成功收购价是15亿美元）。吉利的并购团队经过分析后做出决策：不与对手拼报价，对方尽管报价更高，但仓促开价不符合福特的口味。福特要做一个有责任的公司，不会仅仅为了多一点钱而草率行事。

吉利并购团队还考虑到这一情况：当时正经历金融危机，筹措20多亿美元谈何容易？即便瑞典财团实力雄厚，但如果没有中国市场的支撑，也不能使沃尔沃扭亏为盈。

最后的结果是：当月，吉利向福特递交的具有法律约束力的标书获得通过，它的两个竞争对手未能按时完成融资，都匆匆退出竞标。[③]

---

① 孟宪忠，谢佩洪．企业战略管理[M]．北京：高等教育出版社，2013.

② 孟宪忠，谢佩洪．企业战略管理[M]．北京：高等教育出版社，2013.

③ 张浩．管理科学研究模型与方法[M]．北京：清华大学出版社，2016.

分析：在有的类似上述的情景中，甚至最后杀出来的对手可能是与招标方串通好的，以诱使诚心诚意投标的企业不得不跟着这些半路杀出来的“程咬金”不断提高竞标价格。所以投标者不可自乱阵脚，须冷静分析竞争态势，保护自身的利益。

发展型战略的适用条件：外部经济增长；产业环境良好；企业具有获得资源的能力，以及收集、处理、传递、储存信息的能力；有良好的企业文化。

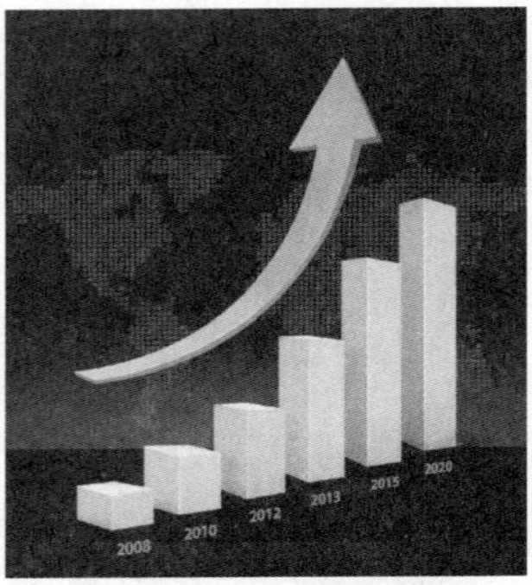

发展型战略的利弊如下：

利：增加自身价值；获得新的机会；避免组织僵化、保守。

弊：可能导致盲目发展，破坏企业的资源平衡；出现内部危机和混乱（因为企业处于较大变化中）；使企业领导人过多注重投资，重视宏观扩张，而忽视微观改善。

5.1.5　安索夫3×3矩阵

安索夫3×3矩阵用于分析产品—市场战略，分析产品—市场战略也许是一个企业市场部门的工作，但实际上此类战略却是公司层面的战略。表5—2中安索夫3×3矩阵与图5—1一样，分析的也是发展型战略。

表5—2　　安索夫3×3矩阵

产品 / 市场	原有产品	相关产品	新产品
原有市场	市场渗透战略	产品发展战略	产品革新战略
相关市场	市场发展战略	多角化经营战略	产品发明战略
新兴市场	市场转移战略	市场创造战略	全方位创新战略

(1)市场渗透战略。企业坚持用现有产品开发现有市场，使现有产品在现有目标市场中占据尽可能大的市场份额。

市场渗透方式有：

①扩大顾客面。使产品的未使用者成为使用者；努力挖掘潜在顾客；吸引竞争者的顾客。

②提高顾客使用产品的频率。使顾客增加使用次数；增加顾客的每次使用量；增加产品的新用途。

案例

雅马哈挖掘钢琴的新用途

近些年来，全球的钢琴需求一直在下降——现在的父母并不像上几代父母那样重视孩子的音乐教育。作为钢琴行业的领导者，雅马哈公司对此忧心忡忡。它对钢琴市场展开了一番调查。

调查结果表明：美国、欧洲和日本的4 000万家庭中，绝大多数很少使用已购买的钢琴。原因是：孩子停止了钢琴学习；孩子长大成人，离开了原来的家庭；其他家庭成员中少有出色的钢琴弹奏者，所以他们很少弹琴。对很多家庭而言，钢琴成了摆设；虽然少有调音，不过它们的性能状态仍然良好。

经过仔细的研究分析，雅马哈为无数闲置钢琴找到了一个潜在的新用途（实际上是 19 世纪末自动弹奏钢琴的复兴），也为自身找到了业务增长的可能性。雅马哈公司认为，练琴的孩子长大离家后，这些家庭对音乐的需求仍然存在。雅马哈的技术部门为其钢琴研制出一种附属弹奏器，它能把一般钢琴转化成自动弹奏式钢琴，并且能弹奏磁盘中的多首曲目。

雅马哈把家庭钢琴从只供孩子练习的乐器转化为兼具音乐高级播放器的奢侈品，开发了钢琴的新用途和新需求。雅马哈的创意化解了钢琴在价格高昂与使用不足方面的矛盾，抑制了钢琴销售下降的趋势，刺激了新的购买意愿。

③改进产品特性。提高产品质量；增加产品的功能；改进产品式样。

④在营销组合方面改进。企业在价格、渠道、促销手段、服务、提高知名度等方面改进，以扩大现有产品销量。

⑤市场渗透战略的风险。除非渗透方处于绝对优势地位，否则必然会出现

强烈的对抗；企业管理者把精力过多地放在现有事物上，可能错过了更好的机会；顾客兴趣的转变导致目标市场衰竭；如果出现大的技术突破，会使企业的产品很快成为废物。

(2)市场发展战略。发展现有产品的新顾客和新的地域市场，从而扩大产品销售量。

(3)市场转移战略。本企业将现有产品投入到别的企业尚未进入的或刚刚形成的新市场。

(4)产品发展战略。对本企业的现有市场投放相关的新产品，或利用新技术增加现有产品的种类，以扩大市场占有率和增加销售额。

(5)多角化经营战略即多元化经营战略。

(6)市场创造战略。企业在新兴市场中投放相关产品。

(7)产品革新战略。在原有市场中推出新一代产品。

(8)产品发明战略。本企业发明别的企业从未生产过的新产品，并进入别的企业已成熟的市场。

(9)全方位创新战略。本企业向新兴市场推出别的企业从未生产过的产品。

5.1.6 发展型战略的一些实现途径

(1)并购

兼并与收购是企业进入新业务领域的方便、直接、快速的途径。

根据并购双方所处行业分为横向并购、纵向并购和混合并购；根据并购动机，分为善意并购和恶意并购；根据并购支付方式分为现金并购、股票并购、综合证券并购；根据是否通过中介机构，分为直接并购和间接并购。

并购有时对双方都有利，所以海尔每年会接到大量要求被并购的企业的申请。不论实施进攻型还是防守型(并购别的企业，以便更好地实现防御战略)战略，通过并购途径都可实现企业不同目的的战略。但要注意围绕核心能力并购，选择合适的对象和时机，并购后须有效整合。

宏碁集团是全球第七大个人电脑厂商，该公司未选择微处理器、动态记忆体等附加值较高的环节作为自己的核心优势环节，而是选择附加值相对较低但自身比较擅长的主机板、监视器、计算机外包装生产作为自己的核心环节。宏碁集团在这些环节上建立了自己的核心优势，以此整合其他计算机配件厂商，为自身确立了行业领导厂商的地位。

并购虽然是实施发展型战略的一个常用手段，但我们须重视其风险。

案例

失败的并购——戴姆勒并购克莱斯勒

1998 年德国戴姆勒—奔驰公司收购了美国第三大汽车制造商克莱斯勒公司(横向一体化)，许多观察家都表示看好。新公司的战略计划强调共享两家公司的产品设计和配件生产，从而带来醒目的设计、更优的品质和更高的生产效率。

8 年后，在 2006 年，克莱斯勒的市场份额跌至 10.6%。问题出在何处?

首先，戴姆勒高估了克莱斯勒在被收购之前的竞争力。克莱斯勒是 20 世纪 90 年代后期美国三大汽车公司(福特、通用、克莱斯勒)中最赚钱的公司，但是当时美国经济处于繁荣时期，而且该公司的小型卡车、SUV 和小货车等核心产品在低油价时代都是正确的产品。在合并之后，戴姆勒发现克莱斯勒工厂的状况比他们想象的糟糕，而且产品质量也较低。

其次，在梅赛德斯奔驰车型和克莱斯勒之间共享设计、工程资源和配件被证明是十分困难的。梅赛德斯是豪华车型，而克莱斯勒是大众化车型的生产商，为了使用戴姆勒的配件并共享戴姆勒的工程技术，克莱斯勒将要花数年重新设计车型。戴姆勒的工程人员和管理人员看上去对帮助克莱斯勒都没有太多热情，很多人认为戴姆勒—奔驰在把数十亿欧元投入到一个黑洞之中。

一直在亏损的福特和通用使克莱斯勒的处境更糟，他们发动了进攻性的价格战，并积极清理他们过剩的库存。克莱斯勒则被迫降低价格以适应他们的战略，否则就会失去更多的市场份额。同时以丰田和本田为首的日本汽车制造商又扩大了他们在美国的为期 15 年的生产厂房，以他们的小型节油车和流行的混合风格获得了更多的市场。

2006 年 9 月，克莱斯勒宣布，由于在交易市场堆积了大量存货，他们将削减 16%的产能，这一数字是 2006 年 6 月的计划数字的两倍。

TCL越挫越勇的并购

TCL在国际化的道路上屡战屡败，屡败屡战。1999年TCL将越南作为其国际化的第一块阵地，掌门人李东生率领彩电业务奋战18个月，亏损18亿元人民币，出师不利。

接下来TCL将目光转向欧美，进行了3次大规模的收购。2002年首先收购了具有113年历史的德国施奈德家电生产厂，结果首战失利，施奈德一直处于亏损状态；2004年李东生踌躇满志地收购了大名鼎鼎的汤姆逊，结果还是亏损；9个月之后李东生又将阿尔卡特手机纳入囊中，与阿尔卡特集团成立T&A合资公司，结果合资公司一度处于混乱和失控状态，后来TCL只好将阿尔卡特手机业务全盘收购，结果仍旧亏损。

企业管理者在决策时须认清自我，切勿眼高手低；须找准时机。不能以损失利润为代价追求国际化经营，联想集团也有类似的深刻教训。有人把这理解成国际化并购的代价，然而这个代价也太大了。华为公司走的是另一条路——自建工厂，因而在这方面付出的代价就小不少。

TCL与汤姆逊合资的企业申请破产后，他们出售了亏损的业务，重组组织架构，实现扭亏为盈。2014年TCL集团的品牌价值为668.59亿元人民币，继续居“中国最具价值品牌”百强第6位；2016年其品牌价值达765.69亿元人民币；连续11年蝉联中国彩电制造业第一品牌。到2014年，经过33年的发展，历经三次转型，TCL集团的营业收入超千亿元人民币。2015年和2016年也超千亿元人民币。

(2)合资

合资是被普遍采用的企业发展的战略形式，是实现一体化和多元化战略的有效途径。把几个具有不同行业优势的企业结合起来，使新企业利用原企业各自的优势，同时避免原企业的发展局限。

合资的动机有三种。资源动机：为了获得资本、实物、技术、专利、管理技巧、品牌等。市场动机：为了获得分销能力，减少市场进入阻力，向欠发达地区转移业务，跨越市场壁垒，还可以获得各种优惠政策等。合资是跨国公司初期进入发展中国家普遍采用的策略。风险动机：研究开发型企业和资源开发型企业初期都需要大量投资，合资方式可分散成本和风险。

(3)联盟

两个或两个以上的企业为了一定的目的，通过一定的方式组成优势互补、风险共担、要素多向流动的松散型网络组织。联盟各方保持经营方面的独立性，联盟具有边界模糊、运作高效、机动灵活的特点。从20世纪80年代开始，战略联盟成为一股潮流，成为当今企业的一种普遍的战略思维。许多企业战略联盟是直接竞争对手组成的。

联盟动机/优势：避免过度竞争，共同做大“蛋糕”，实现双赢或多赢，增强自身实力，扩大市场份额，迅速获得新技术，进入国外市场，降低交易费用，降低风险(例如分散研发风险)，弥补自身的资金、技术、人力、营销等不足。

联盟形式：企业合作、参股、合作研发/生产/销售、加强与供应商合作、渠道协议等。

案例

众安在线

众安在线是我国首个完全通过网络渠道交易和理赔的保险公司，除注册地上海，不在全国设分支机构。主攻责任险和保证险，注册资金10亿元。阿里巴巴持股19.9%，是最大的单一股东；中国平安和腾讯分别以15%的持股比例并列为第二大股东。

上述三家公司在众安在线的网络直销价值链上发挥了各自的优势，实现了跨界合作的战略联盟。中国平安处于该价值链的上游，为众安在线提供保险产品开发、金融服务和理赔服务，也是众安在线的核心环节。作为中国最大的网络销售与信息平台，阿里巴巴提供了强大的销售渠道和技术支持。腾讯集团的优势是拥有庞大的网络用户资源(也能在此战略合作中积累金融领域的实践经验)。

此战略联盟使得基本上无须基础设施建设，为众安在线节约了大量成本。互联网保险是保险行业的发展趋势。这三家企业是在合作基础上的竞争与博弈。例如阿里巴巴与腾讯在电商和第三方支付平台方面就存在竞争。[①]

① 谭博，杨文婷.“三马同槽”:开创企业战略联盟合作新模式[J].商场现代化，2013(30).

甚至福特和通用汽车公司这样的直接竞争对手也能开展合作。他们签订了11年的变速器合作开发协议，以便把新技术更快推向市场，把其他竞争对手甩在后面。还有，IBM和苹果电脑公司曾经长期在电脑制作行业竞争，但为了发展一套完整的计算机操作系统，这两家公司决定共同投入10亿美元合资研究。另外，苹果公司和微软公司在操作系统等软件方面也长期存在很强的竞争关系，但在苹果陷入经营绝境时，一直对比尔·盖茨不服气的乔布斯也不得不向盖茨求助，而盖茨也伸出了救援之手。

所以说，在当今商界，死对头都能联盟、竞合，其他关系的企业自不必说了。其实扩展到其他领域，例如国际政治领域，又何尝不是如此。

(4)外包

外包就是企业做自己最擅长的事，把其他工作给能做好这些事情的专业组织做，即依据协议，将某项目的持续管理、生产或服务责任转交给第三方执行。外包将发包企业解放出来，使其更专注于核心业务；接包合作伙伴为发包企业带来知识和竞争力，在发包企业专注于其特长业务时，为其改善产品的整体质量。公司需要获得其不具备的国际水准的知识与技术时，可以采用外包。

一项研究显示，外包协议使企事业节省9%的成本，而其能力与质量则上升了15%。外包给企业带来了新的活力，已成为企业价值链的一环。20世纪末《哈佛商业评论》载文证实，外包是过去75年来企业最重要的管理手法。

(5)出口、许可证、特许经营

出口是国际化战略最初始的途径，其特点是国内生产，国外销售——自建销售网络或使用国外批发商。出口方法的缺点：成本高，运费、汇率的变化不可控。

许可证方法指本企业通过把技术或生产权利特许给国外企业，从版税中获利，而不必承担进入国外经营的费用和风险。也可在国内使用此方法。

特许经营更适合服务和零售企业全球扩张，例如麦当劳、肯德基、必胜客、希尔顿等企业采用此方法。

5.2　稳定型战略

稳定型战略也叫防御型战略，是保持原有业务组合、资源分配的原则和方式，或抑制某些业务的发展，甚至在一段时间内抑制企业的发展，或在十分不利的外部环境中应对风险的战略。稳定型战略适合维持现状、等待时机、以图扩张，或暂时稳定、逐步收缩等情况。

一个典型的战例是袁阔成的《三国演义》评书第 364 回“息干戈羊祜退陆抗”。晋朝的老将羊祜和吴国的小将陆抗在边界对峙时，双方可谓棋逢对手，都采用稳定型战略，即驻守但不主动进攻。因为他们当时都无获胜的把握，所以都想坐等对方发生变故，例如国内发生政治变故，然后趁势进攻。可用《孙子兵法・形篇》中的“昔之善战者，先为不可胜，以待敌之可胜”概括上述战略思想。

这也是一种心理战。晋朝皇帝司马炎懂羊祜的心思，沉得住气，支持羊祜的战略；吴国皇帝孙皓就沉不住气，把陆抗撤换了。羊祜认为晋朝的机会来了，并且认为，由于孙皓的残暴，江东境内不太平，这也有利于晋朝。但羊祜上书司马炎增兵进攻吴国，却遭到其他大臣的反对。他们认为晋朝当时仍需休养生息，司马炎于是未同意进攻。晋朝当时可能就失去了一个好机会。

当然，战例中的战略思想一般只能为商业竞争提供启发，把它们用到企业经营中需要因地制宜变通一番。

稳定型战略的特征：对过去的业绩满意，按既定的相似经营目标经营；企业创新能力不足，以老产品或服务满足现有市场；不主动挑起市场中的激烈竞争，力图保持目前的竞争态势，维持现有市场份额。

稳定型战略的适用条件/情况包括：市场需求、行业结构、竞争格局等内外环境较稳定；面临的挑战和机遇相对较少；外部环境发生变化，暂时无法判断是机会还是威胁；自身的资源、能力不足以扩大市场占有率时；外部环境变化较大，企业处于领先地位，采用防御型战略；企业由进攻型战略向退出型战略或由退出型战略向进攻型战略转变过程中，防御型战略可作为一种过渡形式；处于衰退阶段（行业或业务衰退），可采用防御型战略。

稳定型战略的表现形式如下：

①无增战略。保持原有战略，不做调整。

②微增战略。略有增长与发展，等待时机。

③暂停战略。在一定时期内降低企业目标和发展速度。

④阻击型防守。以守为攻，阻拦对手目标的实现。

⑤反应式防御。见招拆招。

⑥利润战略。维持现状，不再追加投资以求发展，而将企业的利润储存起来，等待机会再进入——进入现有领域或其他领域。

关于稳定型战略的利弊分析如下：

利。避免过多投入和激烈的竞争[①]；减少资源重组（发展型战略往往需要重组资源）引起的浪费和时间损失；保持人员的稳定（既不在短期内大量招聘，也不一下子大量裁员），防止过快过急导致更大损失。

弊。为了避免当前的威胁或损失，可能失去未来的发展机遇；小企业采取稳定型战略时，选择不当会带来重大危机[②]；使企业的风险意识减弱。

5.3 紧缩型战略

外部环境变得不具有吸引力，行业处于衰退阶段；业务各项指标在降低，效益下降；企业现有状况不能应对外部环境的变化，以致威胁企业的生存，只有收缩和撤退才能抵御进攻、避开威胁、保存实力或者发现新的机会；以及企业面临严重困难时不得不采取的向后退却的战略即紧缩型战略。在这些情况中，企业减少多元化经营，减少资源投入或将资源转移。

企业通常剥离规模小、利润低、与主营业务关联低的业务，出售整个业务或其中的某一部分，通过有计划的退出过程，使企业收回更多的投资。例如 IBM 出售其全部个人电脑业务，后又出售其低端服务器和低端网络交换机业务。一般而言，实

① 例如在市场营销中，较多投入、较大的发展措施会引起对手反击。

② 小企业采取稳定型战略后，以为在规避威胁、保全自身，实际上处于温水煮青蛙的情况。在激烈的竞争中，经营企业如逆水行舟，不求发展可能意味着衰败。

施紧缩/退出型战略的时间要短，否则可能产生更大的损失。在需要实施紧缩型战略时，常常是时间紧迫、瞬息万变的情况，所以不能拖延。

紧缩型战略分类：转向战略、放弃战略、依附战略、清算或破产战略。

清算是有计划、有步骤地尽可能使企业资产变现（例如出售资产）的操作。为什么须采取清算或破产策略？为股东和其他利益相关者（员工、债权人、社区等）减少损失（及时止损），需要采取清算或破产策略，否则公司的资产价值可能会一跌再跌，或者继续经营下去会白白消耗企业的更多资产，导致利益相关者的损失更大。雷曼兄弟公司当处于无人愿意收购境地时，只能申请破产保护。

紧缩型战略的另一种分类方法：榨取战略、撤退战略、清算战略。

（1）榨取战略

企业在退出某项业务之前，尽可能多地获得该业务能创造的收益，尽可能少地影响企业的其他业务。企业可以通过调整组织、降低成本、减少资产、收回资产、裁员、减少客户数量①等方式榨取。

调整组织——改变关键领导人，调整组织结构，减少管理费用。

降低成本——降低材料成本，减少培训、研发、广告、公关投入，减少设备投资，延长使用寿命，人员转岗或裁员等。

减少资产——出售、出租与该业务相关的不动产，关闭生产线。

收回资产——减少库存，尽可能出售产成品，收回应收账款。

（2）撤退战略

指出售部分或全部业务，通过有计划的退出过程，使企业收回更多投资，包括以下措施。

资产置换——企业与其他公司对换固定资产，换入企业需要的固定资产。一般对不方便出售、变现的资产可采用之，或者为新业务获得需要的设施、空间（例如厂房、场地、水域）等。

MBO（Management Buy-Outs，管理者买入）——企业内管理人员及一些外部机构共同买下企业要退出的业务。还有合同承包、专营等方式。

国有企业的撤退战略（私有化措施）——政府可把小型国有企业出售给企

① 否则需要较高的客户维护成本——服务、维修成本（需要配备较多的人员、设备及其他资源）。

业职工或管理者;对中型国有企业可实施(行业内)竞买;对大型企业,可考虑先上市,再分期出售股份。对大型国有控股公司,可考虑拆分措施,把部分子公司的资产剥离,先行出售;对核心业务进行重组、注资和技术改造等,以增加核心业务的价值,再择机出售。[①]

撤退战略属于被动防卫型战略,准备不充分会遇到阻力,包括:专用资产很难退出,相关业务可能受影响,人心不稳,精英流失等。

案例

英特尔的大撤退

20 世纪 80 年代中期,计算机存储芯片是英特尔的主要产品,占英特尔收入的 70%。此时,日本存储芯片制造商采取了残酷的低价竞争策略。英特尔公司研究了若干应对方案:扩大规模,应对日本制造商的成本优势;研发更高级的存储芯片;撤退到细分市场中去。

英特尔总裁格罗夫最后认为:上述方案都不能为英特尔带来好的前景,最好的解决方案是放弃存储芯片业务,致力于为个人计算机开发出更强大的微处理器。从存储芯片业务撤退,使英特尔在 1986 年承担了 1.73 亿美元的账面价值注销,但也给英特尔带来了更远大的前景。[②]

(3)清算战略

出售企业的某些部分,基本上是有形资产(面临清算的企业,其无形资产往往已不值钱了)。清算战略意味着经营失败,将给企业内所有人员造成打击。如果企业只有一种业务时,清算意味着倒闭、关门,也就是说,清算和破产还是有区别的。

不要忽视紧缩/收缩型战略,很多企业可能需要使用此战略,就如同在 SWOT 分析中,企业不能忽视 WT 组合等较被动的策略一样。如何渡过难关,如何应对危机,求得新生?好的收缩战略可能能为企业提供有效的方案。

采用撤退战略须克服承诺升级(escalation of commitment)或欲罢不能的心理

① 方艳. 国有企业改革新路[M]. 北京:中国财政经济出版社,2017.

② 黎群. 企业战略管理教程[M]. 北京:中国铁道出版社,2008.

障碍。有的公司可能已经对某个战略的实施投入很多资源，以致高层管理者不愿意接受该战略不能成功的事实，并认为已无法中止，继续“往坏战略中扔钱”。

例如，泛美航空公司为了弥补航线飞行中的亏损，卖掉了其最赚钱的泛美大厦国际酒店，直到卖掉几乎所有资产，走向破产。再如，史玉柱为了填补巨人大厦（受地方政府领导影响，从初始规划的 18 层增加到 70 层；从初始的 2 亿元预算增加到 12 亿元）建设亏空的无底洞（由于地质结构原因，打地基的资金就已经是一个无底洞），掏空了保健品业务的盈利，最后资金流断裂，也走向破产。

松下电气公司则能做到悬崖勒马，适时撤退。20 世纪 60 年代，国际上许多大型电子公司掀起了一场研究制造大型计算机的风潮，松下电器公司也投入了 10 亿日元的巨额资金开发。当研发进行到一半时，松下幸之助觉察到计算机行业中极大的风险。IBM 在同行业中独占鳌头，压得对手们喘不过气来，与这样强大的对手在松下并不很熟悉的领域硬拼，一定会令松下元气大伤，得不偿失。松下幸之助毅然放弃业已投资 10 亿日元的研究，退出大型计算机市场，转而发展更有潜力的项目。①

紧缩/退出型战略利弊分析如下：

利。及时清理、放弃亏损和不盈利的业务；更有效地组合资源；避免竞争，防止两败俱伤。竞争非常激烈、残酷时，退出竞争，就像打仗一样，退出战场，保存实力，例如红军在长征途中的土城战役采取的策略。

弊。削弱企业能力②，影响长远发展；员工士气低落，影响企业效率；导致总体供求关系改变，抑制全行业发展。尽管紧缩型战略有其弊端，但正如前面承诺升级案例表明的，企业有时候不得不“壮士断腕”，以避免全公司受某些经营糟糕的部门的拖累。

---

① 不过对松下的策略也不可一概而论，不能盲目学它的做法。一个典型的反例是戴尔公司的策略。20 世纪 80 年代初，IBM 开创了个人电脑市场，按理说，这样的行业巨人是很难挑战的。但戴尔公司不畏惧，它考虑到，要在个人电脑市场崛起，必须使用全新的销售模式，也即它的标志性战略直销模式。直销模式使戴尔节约了大量成本，获得了价格竞争优势。IBM 却无法轻易丢弃多年建立起来的销售网，转而做直销。最后，戴尔超越了 IBM 的个人电脑业务，而处于颓势（个人电脑业务亏损非常严重）的 IBM 只好把此业务卖给联想。

② 紧缩/退出战略导致企业多种资产的损失——技术、设备、声誉等；企业清理、放弃亏损和不盈利的业务，导致其失去这些业务和相关的经营能力等。

再举一个例子，说明在一些情况中“壮士断腕”的必要性。东南亚某国有一家知名的大型家族企业，本来发展良好，后来该企业主的儿子经营的子公司遭遇很大的资金断流困境，该企业主自然不忍看着儿子的企业就此寿终正寝，于是竭尽全力挽救该子公司，最后子公司的危机蔓延到全公司，导致该公司以破产告终。

从事多种业务的企业会为不同的业务选择不同的战略。采用混合型战略的大型企业很多，主要由于大型企业有很多战略业务单位（SBU）。这些SBU很可能分布在完全不同的行业，拥有的资源和能力各不相同，所处宏观环境、产业环境、行业关键成功因素、行业驱动力的差异很大，因此混合型战略是大企业的必然选择。

很少有企业始终只采用一种战略。多业务企业在同一时期会采取几种不同的战略，使企业资源被合理使用，即使单一业务企业也会在不同时期调整战略，如图5—3所示。图5—3中的周期既可能是一个产业的发展周期，也可能是企业的一项业务的发展周期。

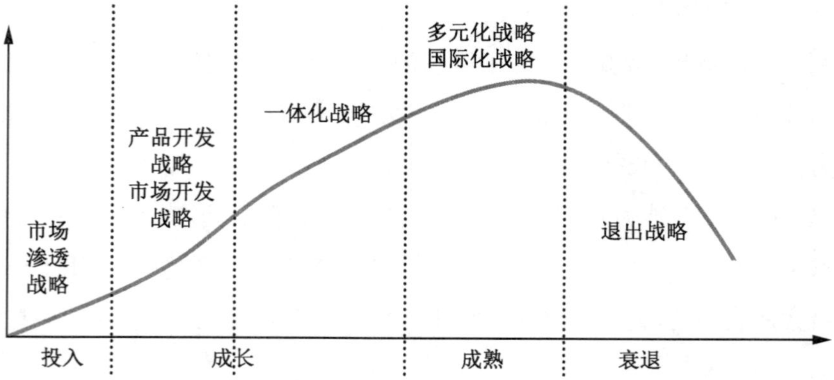

图5—3　企业业务的战略演化历程与战略选择

案例

海尔集团的战略选择演化如图5—4所示。

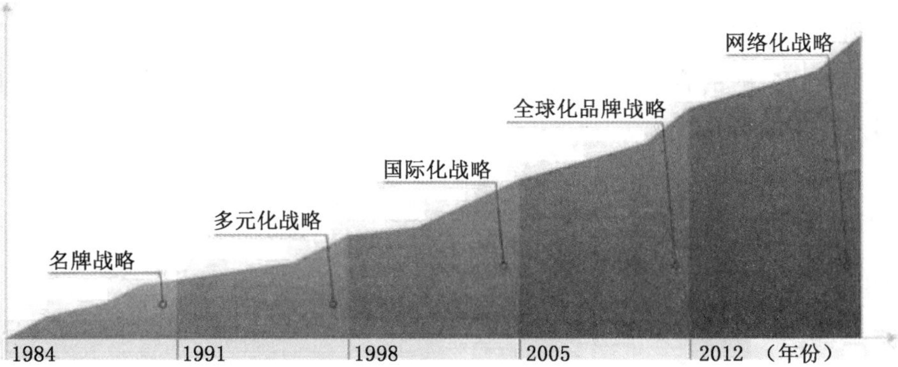

图 5—4　海尔集团的战略选择演化

海尔在其网络化战略阶段，于 2014 年推进的战略主题是："企业平台化、员工创客化、用户个性化。"

在公司层三种总体战略中，发展型战略是长期的，其他两种则是过渡的。

国际上许多知名企业的成长轨迹都是波浪式上升——投入期、成长期、成熟期、衰退期；进入调整阶段，二次创业，进入新成长期、成熟期、衰退期……所谓上升，是指企业价值或利润上升。这些企业通过一次次创新，从成熟乃至衰退期又进入一个新的成长期。摩托罗拉公司就是一个典型的例子。它在几十年间，从电池产品转移到无线电产品，又转移到传呼机产品，再转移到移动电话[①]……经历了一次次成长、成熟、衰退、新成长。

再如瑞士的劳力士公司和美国的杜邦公司，其历史都超过两百年。在这一漫长时期，劳力士经历了辉煌，又经历了 20 世纪下半叶日本钟表公司的巨大冲击，劳力士通过调整产品定位战略，专攻高档奢侈类产品，恢复了昔日雄风。杜邦在不同时期开发、经营不同的产品，甚至是不太相关的产品，保持着一个大型公司的强大竞争力，参见 2.1 节节末的案例。

美国的通用汽车公司和西方电气公司，其历史也有一百多年。再如上海家化美加净的发展历史也说明了这一点。1990 年上海家化与美国庄臣合资，后美

① 2014 年 10 月，其移动业务被联想收购；2015 年 1 月，摩托罗拉重返中国市场。

加净品牌被收购;庄臣“冷藏”美加净品牌,以利于其自身品牌在中国的发展;1994 年上海家化购回美加净品牌,恢复其发展。

如何让中国的企业长寿,是当前中国企业家的主要任务之一。任正非提出,惶者方能生存。

第6章　竞争战略

竞争战略又称业务层战略。企业的目标是比竞争者更有效地满足顾客的需求，这也是实施竞争战略的根本目的。图6－1中，竞争战略或事业部战略统称业务层战略或经营层战略。竞争战略分为总成本领先战略、差异化战略、集中战略和成本领先及差异化战略。

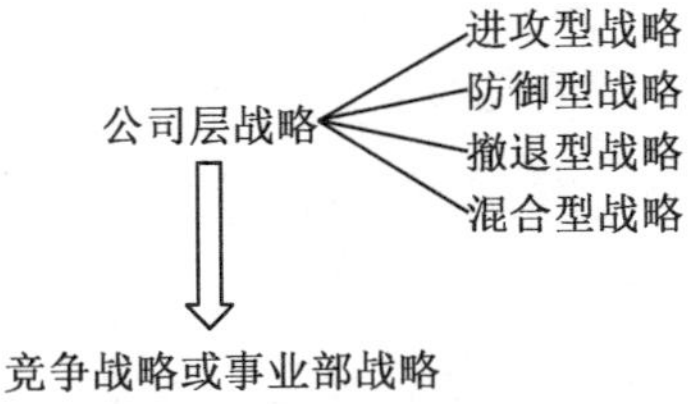

图6－1　企业战略架构简图

各战略业务单位（Strategic Business Unit，SBU）根据公司层战略决定的业务组合和各业务的地位、发展方向，确定本业务的竞争方式和资源使用。战略业务单位是以企业经营的独立的产品或者服务的独立的行业或市场为基础，由企业的若干事业部或事业部的某些部分组成的战略组织。

战略业务单位的任务包括：

①决定本业务对实现公司层战略可做出的贡献，业务的发展方向和发展远

景，本业务活动与公司其他业务的关系。

②决定本业务的涵盖范围，以及用户、市场、产品、技术等。

③实施业务的核心活动、基本竞争战略（低成本、差异化或细分市场战略）等。

④确定本业务内各项职能活动对本业务取得成功的作用。

⑤确定业务内资源分配和资源平衡的方式，建立业务内各项活动的资源使用效果的控制和评价机制。

⑥制订业务发展计划、人员安排及活动进程计划。

⑦保持同一业务内各职能战略之间的协调和平衡。

理想的战略业务单位应该具备以下特征：有独立的业务；有区别于其他业务单位的具体任务；在各自的领域都有现实的或潜在的对手；掌握一定的资源；有自己的管理班子；能按对企业战略计划的贡献分得利润和其他好处；可以扩展相关业务或新的业务。

6.1 总成本领先战略

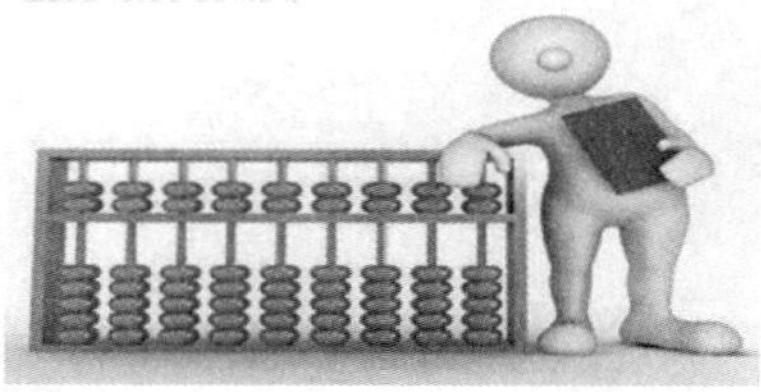

总成本领先战略是指企业努力发掘所有的资源优势，特别强调生产规模和标准化的产品，在行业内保持整体成本领先地位，从而使企业的全部成本低于竞争对手的成本，甚至是同行业中最低的成本，进而为产品定价的竞争战略。

适合采取成本领先战略的情况：本企业所处行业的企业大多生产标准化产品，实现差异化的途径少，因而价格因素决定了企业的市场地位；顾客转换成本低的产品，为了避免顾客因为别的企业的价格低而投向它们，本企业须采用成本领先战略；客户购买的数量巨大且有较强的讨价还价能力；顾客对价格越敏感，成本领先战略越有效。

成本领先战略的优点：能有效应对竞争对手的挑战；构成潜在进入者的壁垒；企业的低成本地位能对抗强有力的买家；企业能有效地应对来自替代品的竞争；能承受原材料涨价；降低采购成本；使企业获得高于行业平均水平的利

润,参见图6—2。成本领先战略能降低采购成本的原因是,低成本发展业务形成(生产、采购)规模优势,采购规模优势产生采购话语权。

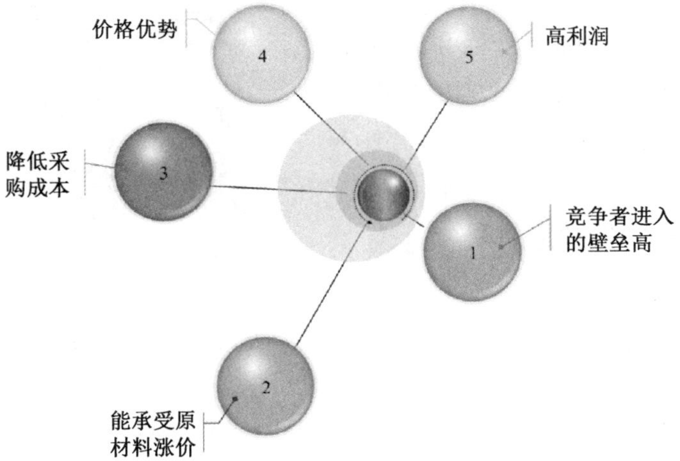

图6—2 成本领先战略的优点

成本领先战略的风险:技术的迅速变化可能使过去用于扩大生产规模的投资失效;高层管理人员可能将注意力过多地集中在成本控制上,而忽视了消费者的偏好和市场变化;为降低成本而采用的大规模生产设备(投资很大)过于专一,退出行业的障碍大;过度重视节省成本,导致人员激励不足,部门合作不顺,成为企业经营的制约因素;当众多企业同时追求成本领先时,对产业造成的结果可能是灾难性的[①];此战略及相关方法容易被竞争对手模仿;低成本产生的低价也并不总能吸引顾客(有一部分顾客偏爱高价产品和服务);导致品种、服务单一,特色不明显,会丢失部分顾客。

实现成本领先的措施有以下几种:

①实现规模经济,例如少品种大批量生产,全球化销售。

②产品的再设计,例如简化产品设计,去除附加功能(春秋航空即去除了一些附加功能)。

---

① 可能表现在:缺乏多样性,产品或服务同质化严重;产量过剩,质量不高;(价格)竞争残酷,利润较低。

③降低输入(经营过程的输入环节)成本——人工费、材料费等。

④技术创新。

⑤在公司内或行业内开展业务协同,实施纵向一体化,把一些业务外包出去,等等。

⑥价值链重组:直接面对最终顾客,如音乐、软件、机票等的网上销售;利用地域差别(保税政策等的差别),优化资源配置,优化业务组合;实施有效的供应链管理。

⑦厂址优化。

⑧重视关键成本,经营资源共享等措施。此方面的典型案例是美国西南航空公司的总体低成本战略,参见 6.4 节。

案例

格兰仕的总成本领先战略实践

在原材料采购环节,格兰仕依靠其在行业内近乎垄断的规模优势,在与供应商的谈判中,始终掌握着讨价还价的主动权。在营销宣传方面,格兰仕一直避免家电行业中常见的不惜投入巨资大做广告的高成本行为,而是采用投入少、实效大的广告形式,并以“制造新闻”的方式使各种媒体主动争相报道本企业,客观上为本企业免费宣传。

由于具有销售优势,格兰仕多次运用“量—本—利”分析技术确定其产品价格及历次降价的幅度,采用低价策略压制对手。格兰仕的做法是:竞争对手做 60 万台的量保本时,格兰仕就做 100 万台的量保本;竞争对手做 100 万台的量保本时,格兰仕就做 150 万台的量保本。这样就能制定较低的价格。格兰仕就是靠大规模产销实现低成本优势(包括摊薄研发成本),再转化为低价优势,以此排挤竞争对手,一步步走向微波炉市场的垄断者。

资料来源:百度文库. 格兰仕成本领先战略案例[OL]. 2017-7-8.

实现成本领先战略需要有一整套具体策略,需要高效率的设备,需要控制间接费用,以及降低研究开发、服务、销售、广告等方面的成本。要达到这些目的，须在成本控制方面进行大量的管理工作。

6.2　差异化战略

差异化战略指研究顾客的需求和行为，然后根据顾客的期望设计产品或服务，创造产品或服务的独特性。这些与众不同的特色可以表现为：产品设计、技术特性、产品品牌、产品形象、服务方式、销售方式、促销手段等方面的特色。差异性最终由顾客判断，所以应把这些特色显示出来，让顾客感受得到。有价值的特色方能得到认可。

适合企业采取差异化的情况：顾客的需求是多样的；技术变革速度快、产品竞争激烈。适合企业采取差异化的条件：企业必须了解自己拥有的资源和能力；企业必须了解顾客的需要和选择偏好；企业必须具备相应技能。

差异化战略的主要优点有：

①顾客忠诚度方面，差异化战略可以赢得顾客忠诚度，顾客对本企业或产品忠诚，是潜在进入者的强大的进入障碍。

②价格方面，利用顾客对本企业产品或服务特色的偏爱和忠诚，可以降低顾客的价格敏感性，使企业避开价格竞争。

③对差异化产品，购买者可能别无选择，对价格的敏感性又弱，企业可以运用产品差异战略削弱购买者的讨价还价能力。[①] 企业的产品或服务独具特色，可以为产品带来溢价。

差异化的风险：顾客是否选择差异化的产品不仅取决于产品本身，还取决于相对购买力；当顾客变得成熟时，产品差异化的作用会逐渐减弱，例如内行驾驶员对车的判断集中于质量、性能等方面，不太在意其他细节方面的差异化；竞争对手的模仿可以缩小顾客感觉到的产品差异；价格越高越难吸引偏爱低价的

---

① 另外，由于产品具有差异化特性，初始定价可以较高，面对客户讨价还价，有更大的降价空间。

购买者，当差异化或多余特性不被消费者青睐时，成本领先战略会优于差异化战略；过度差异化导致盈利减少。

实施差异化战略，一定要使竞争对手很难模仿或模仿代价高昂，因此可持续的差异化战略必须与公司的核心竞争力关联。差异化基于技术领先、产品质量、全面客户服务等内容时，它会保持较长时间而不易被模仿。差异化可以存在于整个价值链的所有活动以及活动的组合中。

采取差异化战略时同样要考虑差异化成本，尽可能降低整个价值链上的差异化成本，特别注意整合那些成本不是很高又能满足顾客差异化要求的特性。例如汽车促销中的不同优惠组合，适合不同顾客的需求——返还现金、赠送设备或配件。

案例

可口可乐与百事可乐的差异化战略

可口可乐与百事可乐不是典型的差异化产品，所以它们在竞争中创造差异化的难度更大一些。

在过去很长的时间里，可口可乐与百事可乐的竞争主要集中在广告上，将各自的产品属性界定为不同的、抽象的生活形态。百事可乐的广告表现的是喝百事可乐更酷，而可口可乐用的是好记的韵文，如“可口可乐让生活更美好”。两家企业都不在价格方面竞争。

后来百事可乐实施了一项新的和创新的战略：“百事的挑战”。百事的挑战是一种品尝策略，顾客被蒙上眼睛品尝两种可乐，然后做出更喜欢哪一种的选择。

尽管百事可乐的市场份额落后于可口可乐，但55%的顾客持续表现出对百事可乐的偏好。百事可乐在达拉斯市场进行了“百事可乐的挑战”的市场测试。测试结果如此成功，以至于它决定将这一挑战推广到全国。

这一行动令可口可乐公司左右为难。它无法以自己的盲目测试结果回应，因为在测试中，大多数人的确更偏好百事可乐。此外，百事可乐的挑战还改变了产业竞争的本质。在长达30年的以产品属性为代表的、抽象的生活形态为基础的广告大战后,百事可乐将竞争转向了产品真实属性的对比:口味。百事可乐改变了自己的商业模式和它以前选择的差异化方法。

由于百事可乐正在夺取市场份额,可口可乐的经理们决定采取攻击性的反应:在由可口可乐控制瓶装厂而百事可乐瓶装厂的力量较弱的地区打折促销。这是一个成功的策略,在实行价格折扣的地区,可口可乐的市场份额开始回升。

百事可乐同样决定做出降价反应。没过多久,折扣就蔓延到整个产业中。顾客开始期待降价,品牌忠诚度被破坏了,同原有差异化相关的价值(例如形象价值)也减少了,两家公司的盈利能力都受到损害。

它们后来是怎样收拾这一局面的呢?经过几年之后,它们又回到原有差异化的战略。它们向市场投放新的产品,例如可口可乐推出减肥可乐(健怡)和樱桃可乐,试图重建品牌忠诚。通过使用名人广告为自己的产品创造品牌形象,恢复了强调抽象的生活形态的广告,以此相互区别,减少顾客对价格的敏感。

今天,它们仍然是这样做的,例如百事可乐使用体育明星和流行音乐营造不同于可口可乐的品牌形象。但是这一转变花了两家企业几年的时间。

实现差异化的途径有:产品内在因素的差异化,例如在产品性能、设计、质量及附加功能等方面与竞争对手有区别;产品外在因素的差异化,例如营销组合方面的差异化。

差异化战略实施步骤包括:①分辨相关买方;②判断本公司对买方价值链的影响;③确定买方的购买标准;④确定独特性的实际和潜在来源;⑤确定差异化的实际和潜在来源的成本;⑥评估各差异化选择的利益与成本;⑦可持续性测验;⑧减少那些对差异化没有作用的成本。

6.3 集中战略

集中战略指将目标集中于特定的顾客群或特定地理区域,在较小的竞争范围内建立独特的竞争优势。尽管适用此战略的市场比较小,但如果企业能很好地满足顾客需求或者有丰富的经验,仍可以有相当大的顾客群。

集中低成本战略:以低成本为基础,通过向目标市场的顾客提供比竞争对手更低的价格获取竞争优势。

集中差异化战略：通过向集中的顾客提供满足其独特偏好的产品从而获得竞争力，例如劳斯莱斯汽车的经营战略——满足特定的客户群追求奢华、高品质、限量销售的偏好。

集中化战略的优点：目标集中，管理简单方便，可集中使用资源；易取得产品及市场优势；由于生产高度专业化，可达到规模效益。

集中化战略的缺点：细分市场的吸引力很大时会吸引大量竞争者进入；细分市场的需求一旦消失或大幅减弱，集中战略就会失败；在一个狭小区域实施集中战略，发展空间和发展潜力受限制；顾客偏好转变时，企业的风险更大，环境适应能力差。

集中战略适用情况：行业内或某一地区的顾客有特殊需求；企业的经营实力较弱，不足以追求广泛的市场目标；细分目标市场有足够大的盈利空间和成长潜力；行业领先者忽视或不愿涉足的市场；目标市场存在多个细分市场，任何一个竞争者很难全部满足所有细分市场；在细分市场中竞争者少。

可供企业选择的专业化定位（即实施集中战略，并侧重于集中差异化战略）有：

①按最终用户专业化，专门致力于为某类最终用户服务，例如计算机企业针对一些小用户（如诊所等）进行市场营销。

②按垂直层面专业化，专门致力于消费者层级中的某些层面，如某制铝厂可专门生产铝锭或铝质零部件。

③按顾客规模专业化，专门为某一种规模的客户服务，如有些小企业专门为那些被大企业忽略的小客户服务，例如 AFG 公司向诸多特定小客户销售其专业化的产品，参见 7.1 节中的案例。

④按特定顾客专业化，只对一个或几个主要客户服务，如美国有些企业专门为西尔斯百货公司或通用汽车公司供货。

⑤按地理区域专业化，集中优势，专为国内外某一地区或地点服务。

⑥按产品或产品线专业化，只经营某一种产品或某一类产品线。

⑦按产品特色专业化，专门经营某一种产品或特色产品。例如某书店专门经营古旧图书，某公司专门出租儿童玩具。

⑧按客户订单专业化，专门按客户订单生产预订的产品，例如戴尔公司的大规模定制。

⑨按质量和价格专业化，专门生产、经营某种质量和价格的产品，例如专门在优质高价的高档品市场中经营。

⑩按服务项目专业化，专门提供其他企业没有的服务项目，如有一家银行专门承办电话贷款业务，并为客户送款上门。

⑪按分销渠道专业化，专门服务于某一类分销渠道，如专门生产适合超市销售的产品，或专门为航空公司旅客提供食品。

集中战略的基础是差异化，产品的差异化越大，集中战略的维持力越强；需求者的差异化越大，集中战略也越能持久。采取集中战略同样也要建立防止被模仿的障碍。

市场细分分析的步骤如下：

①确定细分依据。细分依据可能涉及一般环境，营销者根据一般环境的某些因素细分：例如根据经济因素，分成经济发达地区市场和不发达地区市场；根据社会文化因素中的年龄、宗教信仰等细分市场；根据科技因素中的网络支付普及情况等细分；根据政治法律因素细分；以及根据自然因素中的气候等细分。

②选择细分标准和对应的判别值。

③对研究对象排队。

④归并研究对象，得到细分市场。

⑤选择细分市场，实施差别化经营。

案例

表 6—1 是某方便食品生产商对其产品进行的细分市场吸引力分析。该企业以分销渠道作为细分市场的依据（不同的分销渠道对应不同的细分市场）；将各分销渠道是否符合本企业的能力，分销渠道的获利潜力、竞争情况、市场成熟程度和市场规模，以及在各分销渠道中产品的创新[①]机会等因素作为选择细分

① 创新机会可使挑战者/新来者避免“空手夺白刃”的竞争情况（在位企业已占据渠道、品牌等优势，较难突破），创新可成为竞争利器。

市场的参考标准。

表 6—1　　　　　　某方便食品厂的细分市场吸引力分析

标准 \ 分销渠道	邮购	批发	超市	食品店	零售	饭店	机构	快餐店
符合本企业能力	低	高	低	中	高	符合	高	符合
获利能力	低	高		中—低	高	低	低	中
竞争情况	无吸引力	有吸引力	无吸引力					中
市场成熟度 市场规模	发展小	发展中	衰退大	慢发展	快发展	慢发展	稳定	发展
产品创新机会	高	高	高	高	高	高	高	高
在本企业销售中的占比		5%	10%	10%	25%	5%	5%	40%（一个客户）

从表 6—1 可以看出，该企业有两个需要特别注意的细分市场：(1)从各项选择标准来看，批发渠道应该得到发展，而该企业在此渠道的销售占该企业整体销售的比例较低；(2)在快餐店渠道中仅有一个客户，风险较大。

6.4　成本领先及差异化战略

实施成本领先及差异化战略需要有强大的技术后盾和管理能力。实施成本领先及差异化战略的理论基础：通过降低与竞争有关的成本，企业可以对有特色的项目再投资，从而实现差异化。

案例

经营卷烟业务的菲利浦·莫尔斯公司，依靠高度自动化的生产设备，取得了国际上业内生产成本最低的好成绩；同时它又在商标、销售促进方面进行巨额投资，在产品差异化方面取得成功。

一个企业可以采用成本领先战略降低价格，同时实现差异化，实现大规模定制即可做到成本较低又有差异化，例如戴尔的经典经营方法。而耐克公司则采用了另一种方法达到此效果。耐克通过外包生产环节，在劳动成本较低的地区实现小批量、多样化，同时保持成本领先优势。1982年，耐克占据了美国运动鞋市场33%的份额，而阿迪达斯的份额则下降到20%。

从反向角度看待此战略，则是实现差异化时兼顾低成本。处于经营环境日益复杂、绝大多数市场的竞争激烈的状况中，实行差异化战略的企业不能为取得溢价(溢价源于差异化)而无限制地提高成本。相反，必须将企业为取得差异化形象而付出费用的增长，维持在一个合理的范围之内，因为只有这样才能够吸引既定目标顾客群，赢得高于行业平均水平的利润。这也是市场营销学中的4Rs营销组合理论主张的，即须关注企业与客户的长久关系，关注企业可获得的回报。

案例

瑞士的手表公司ETA推出了著名的斯沃琪手表。这种表的重量轻，能防水防震；它有许多不同的表壳和表带，有多种颜色，颜色都很鲜艳，适合运动场合；这种手表作为时装表吸引了活跃的年轻人。

斯沃琪的营销方式也有许多特色。例如公司每年都不断地推出新手表；所有的斯沃琪手表在推出5个月后将被停止生产；克里斯蒂拍卖行对以前的斯沃琪手表定期拍卖；等等。然而拥有这么出众的差异化形象的产品，在ETA公司的经营下，其成本逐年下降。一只斯沃琪手表的成本只有5美元，其售价却从40美元到100美元不等。

资料来源：菲利普·科特勒. 斯沃琪的整合营销观念. http://www.docin.com/p-319303187.html.

低成本与差异化的关系如下：

①在激烈的竞争中，如果一个企业的产品价格不能够在差异化基础上与其他竞争对手的价格相等或接近，其提供的产品或服务便难以被客户所接受。

②实行成本领先战略的企业不应忽视可以使产品获得差异化的因素——以差异化为基础的成本领先企业才更有可能将其成本优势转化为高于竞争者的利润。降低成本也并不总意味着以牺牲差异化为代价。

③通过采用效率更高、效果更好的做法或采用不同的技术，可以找到提高差异化形象又降低成本的方法。

案例

美国西南航空公司通过不设头等舱，飞机上不供应正餐，只用省油的波音737一种飞机——使设备标准化，降低了零件的库存成本，并使维修人员和飞行训练减至最少等措施，有效降低了成本。

该公司基本上不设枢纽站，都是短程的、点对点航班，平均飞行时间只有55分钟。该公司虽仅对有限的城市提供服务，但它在这些城市之间提供大量航班，竞争者要想达到这样的服务频率几乎是不可能的。西南航空公司采取的竞争战略就是成本领先兼顾差异化的战略，参见图6—3。

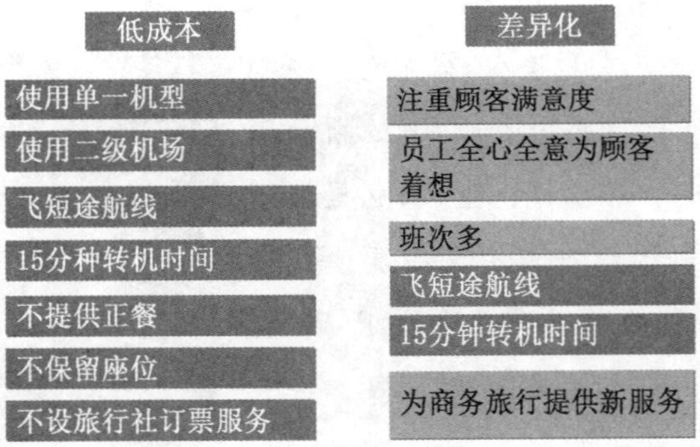

图6—3　美国西南航空公司的低成本差异化并行战略

以上竞争战略有静态假设的倾向，即竞争双方采用某种战略后，在较长时期内不会改变。当然，战略不是战术，战略有其稳定性。企业为采取某种战略需要配置若干资源（人力、财力、组织结构等），并且被采用的战略可能是企业深思熟虑的结果，因此不会被企业轻易放弃和改变。所以战略的静态假设也是有其现实依据的。

动态竞争产生的背景:网络信息技术的发展,新产品、新技术开发速度加快,全球经济一体化,产业边界的融合与变动,企业竞争环境的复杂性,市场需求的多样性,等等。

动态竞争中的常用战略如图 6—4 所示。

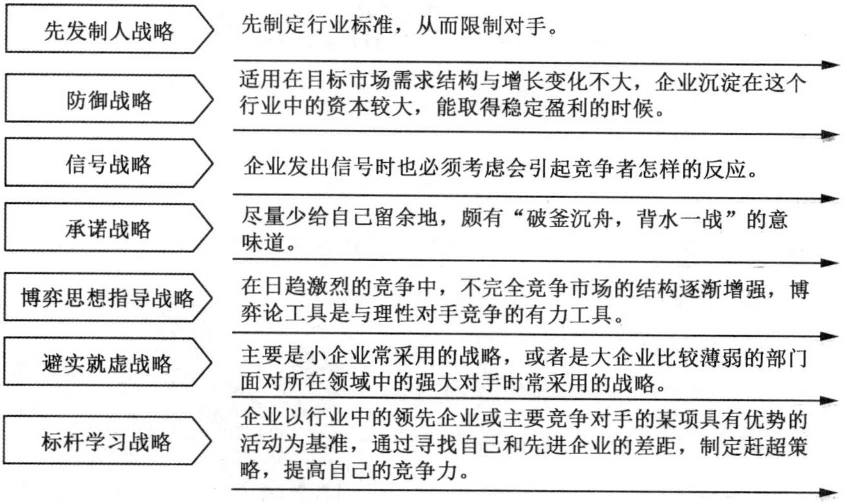

图 6—4　动态竞争中的常用战略

第7章　职能层战略

职能层战略建立在公司层战略基础上，并在业务战略框架中形成，它接近于操作层，但又不同于具体措施。不论对主要活动还是辅助活动(参见3.1.3小节)，都应制定职能层战略，例如营销战略、技术战略、生产战略，本章即选择这三个职能层战略做分析。

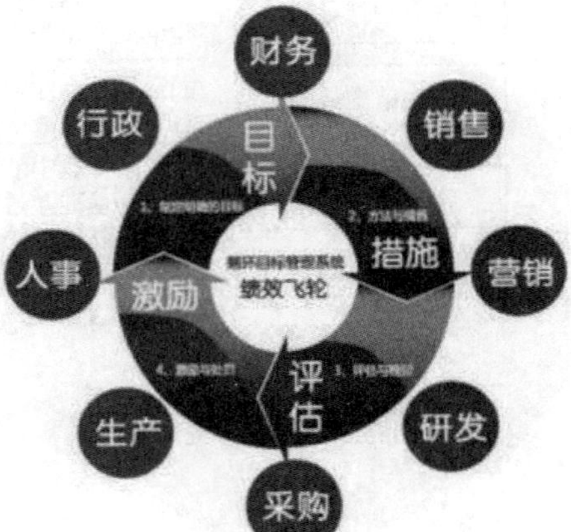

7.1　营销战略

营销的根本目的在于实现产品价值，完成价值链的良性循环。营销战略的本质是在特定时间和有限资源条件下，不断强化自身与动态市场环境的联系能力，进行市场定位，获得生存、成长与可持续的优势。营销战略是公司战略的核心部分，以市场需求为中心制定公司战略已成为重要指导思想。

营销战略的特征：具有前瞻性的思路，计划时间较长，充分考虑竞争对手，以顾客为导向。

制定营销战略要考虑的因素：环境变化的速度、技术创新的速度、顾客偏好的变化、竞争强度、企业自身能力的变化、与其他职能部门的协调、全球化。针对前三条，须考虑灵活性，在技术、产品等方面不要过于集中，不能出现路径依赖——柯达、索尼[①]均败于此，有时候“成功是失败之母”。

(1)营销战略的分析工具

①宏观环境分析，参见 2.1 节。

②SWOT 分析，参见 4.2 节。

③产品—市场分析

分析产品现状：产品结构是否合理；产品在现有市场的地位、形象和相对市场份额；产品的投资回收期；产品进入市场的难易程度。分析需求：需求量的大小和变化趋势；需求的层次性；需求的可替代性。分析技术等因素。

④4P 组合分析，即分析产品、产品价格、销售渠道和促销(Product，Price，Place，Promotion)。4P 营销组合理论奠定了营销管理的基本理论框架。企业营销活动的实质就是利用内部可控因素适应外部环境的不可控因素，即通过对 4P 要素的计划和实施，对外部不可控因素做出积极反应，促成交易，实现企业和顾客的双赢。

(2)营销战略的一种分类

①市场领导者战略，其指导思想是维持优势。市场领导者战略有三种实现途径：扩大整个市场，保护市场占有率，扩大市场占有率。

案例

格兰仕的市场领导者战略

通过一次次价格战，把价格平衡点以下的企业大规模淘汰，格兰仕拥有了国内 70%的市场份额。格兰仕基本上“摧毁了产业的投资价值”，使跨国公司失去在微波炉行业与之高强度竞争的兴趣。

作为行业老大，格兰仕拥有了制定价格和控制技术的话语权。2005 年以后，格兰仕率先把高端微波炉的出口价格调高 30%，主动放弃低端市场，为国内二、三线品牌留出生存空间。

格兰仕实施上述领导者战略是基于以下认识。格兰仕过去“清理市场”的

---

① 索尼还有“绩效主义”错误。

战略过于刚性，极大地挤压了追随品牌的生存空间，把对手都“杀”光了，格兰仕自己也会缺乏进取的动力。格兰仕作为行业龙头，多年来高中低端通吃，导致自身的高端技术与高端形象不太鲜明。[①]

②市场挑战者战略，其指导思想是确定战略目标和对手，增加市场份额。有三种实施途径：挑战市场领导者；攻击与自己规模相仿、经营不善的企业；攻击行业中的弱小企业。

华为的前副总裁周辉说：落后于别人的地方不需要规划，瞄准对手打就是规划。华为的做法：如果公司没有对手，就考虑产品有没有对手；如果国内没有对手，就放眼国际；如果国际上没有对手，就要思考，未来的对手是谁？[②] 在当今，更要防止被“跨界打劫”，防止被那些完全意料之外的、其他行业的企业或产品打败。

一家企业没有对手就没有活力，企业须在不断超越对手的过程中成长。使竞争对手处于目标矛盾的境地，是攻击已在行业中取得成功企业的有效办法。例如20世纪70年代，数据设备公司[③]（DEC）开发、销售小型机，以此避开IBM大型机业务的锋芒，并挑战IBM的霸主地位，就使IBM公司不得不分散精力，兼顾原来的大型机业务和新拓展的小型机业务。

案例

江崎糖业公司的挑战

日本的泡泡糖市场曾被“劳特”垄断，其他企业想挤进去谈何容易。但江崎糖业公司却毫无畏惧，成立了市场开发团队，专门研究霸主“劳特”的不足，寻找市场的缝隙。

经过周密的调查分析，他们终于发现了劳特的四点不足。①成年人泡泡糖

① 侯章良，刘立新. 战略管理最重要的5个工具[M]. 广州：广东经济出版社，2008.

② 华为在走向国际化时，对经理们制定了三个指标：跑赢GDP加CPI；跑赢行业增长率；跑赢行业老大。

③ 其创始人是因看不惯IBM在业务方面的官僚作风，炒了IBM鱿鱼的一位工程师。他离开IBM后，很快就创建了数据设备公司。20世纪90年代，DEC计算机在中国的销售情况还不错，DEC后来被康柏并购，康柏后来又被惠普并购。

市场正在扩大，而劳特仍旧把重点放在儿童泡泡糖市场上。②劳特的产品主要是果味型泡泡糖，而消费者的需求正变得多样化。③劳特多年来一直生产单调的条板状泡泡糖，缺乏新型式样。④劳特的产品价格是 110 日元，付款时多掏 10 日元硬币让顾客感到不便。

于是江崎糖业公司决定以成人泡泡糖市场为目标市场，并制定了相关的生产、营销战略。这些战略有效克服了上述不足，使江崎糖业的功能性泡泡糖席卷日本，迅速占据 25%的市场份额。

行业发展趋势是难以预见的，但对手是看得见的。如果真的找不到对手，那就要挑战自我、战胜自我了。

③市场跟随者战略，紧随其后，保持距离跟随（避免激烈对抗），选择式跟随。蒙牛在初创期正是使用跟随策略（甚至是讨好策略），才避免"冤家对头"伊利更大程度地升级其打压策略，从而度过了危险期，奠定了后来的超越。蒙牛的跟随策略并非一般的、简单的，标杆企业怎么做，它也怎么做，或者跟在标杆企业后面赚点"小钱"，而是着重于不与伊利直接争利，不与伊利直接发生冲突，例如不与伊利争奶源。蒙牛的高明之处还在借势上位，明里抬高伊利、"向伊利学习"，实际上借势树立自身的品牌形象。

④市场补阙者战略，例如 AFG 玻璃工业公司实施的就是市场补阙者战略，见下面的案例。实施市场补阙者战略的理想条件：细分市场有足够的市场规模和购买力；细分市场有成长的潜力；主要竞争者对此不感兴趣。主要竞争者为什么对某些细分市场不感兴趣呢？因为这些细分市场不是这些竞争者的核心竞争力所在处，如果对这些细分市场也着力经营，会分散注意力（高管的注意力），分散资源，等等。

案例

AFG 工业公司的拾遗补阙式的营销

AFG 工业公司是美国一家生产玻璃的厂商，其资金、资源和生产能力在同行业中均居中下游。开始它试图向建筑市场推销房屋门窗、普通平板玻璃，由于其实力不足，很难与其他实力雄厚的大玻璃工业公司抗衡。

后来AFG工业公司改变了它们的销售方向，把产品集中供应给那些要用硬化彩色玻璃生产自己的产品的公司。AFG工业公司制定了针对那些不被大企业重视的小市场的营销方案。由于AFG工业公司细分了市场，并与客户建立了密切的关系，该公司销售给微波炉行业用于安装炉门的玻璃占该市场70%的份额，销售给其他部门或居民用于淋浴围隔或桌面垫板的玻璃占75%的份额。

营销战略的另一种分类：无差别营销战略，即大规模营销，适合成本领先战略；差异目标市场战略；集中目标市场战略。

7.2 技术战略

企业技术战略指积累、开发、利用企业的技术资源和技术能力，保持和增强企业核心竞争力的方式。技术战略包括以下类型：

①技术追随战略。紧跟领先者策略、仿制策略。

②企业研发战略。基于企业的技术战略，决定企业的研发方向、研发重点和研发方式。技术研发对增强企业的竞争优势和发展后劲具有重大意义，特别对技术密集型企业而言，例如华为、海尔需要靠研发"攻城略地"。

③技术转让战略。是一种有意识、有偿的技术扩散，是双方在一定条件下出于各自目的的一种交易。

④技术引进战略。利用别人的专利或转让的技术为本企业服务。对别人的专利或技术，须注重引进、消化、吸收、再创新，例如我国企业在地铁、磁悬浮等技术方面的实践。

7.3 生产战略

生产是企业价值链的关键环节，对制造企业来说，生产环节是贯彻企业战略的基础。生产战略是企业根据选定的目标市场和产品特点，构造其生产系统时的一系列决策、规划。生产战略作为一个职能战略，其作用是在生产环节取得某种竞争优势，以支持企业的经营战略/业务战略，而不局限于处理和解决生产部门内部的矛盾和问题。

制定生产战略中的决策变量有：

①生产能力。生产数量、生产时间等。

②生产设施。设施规模、布点、专业化程度。

③产品和工艺技术。产品和工艺的配合、设备选择、自动化程度。

④产品质量。质量检验和质量控制。

⑤生产组织。生产机构、职责、权力分配。

第 8 章　企业战略的制定、评估、选择和实施

战略管理是一个动态的过程。对企业战略问题的识别是制定战略的核心。评估并选择合适的战略后，根据责任和权力在企业不同管理层次的转移程度，选择合适的战略实施模式。

企业经营者应避免的认识战略的常见误区有：

①认为战略是战略专家的事[①]。

②认为只有自己才能决定战略问题[②]。

③认为只要有了资金、技术、设备和市场，就能解决一切问题。

④死守过去的成功战略。

⑤战略规划与企业组织结构脱节[③]。

⑥战略就是“远”“大”[④]。

企业战略的制定与执行过程(参见图 8－1)。

①形成公司需要朝什么方向发展的战略愿景。

②将愿景转变成公司的明确绩效目标。

③制定实现目标的战略。

④执行选择的战略。

---

① 战略是整个企业的事情。

② 应该鼓励广大员工参与战略制定的积极性。

③ 规划战略时应考虑本企业的组织结构特点；应调整、变革组织结构以适应新战略。

④ 职能层战略就是近期的、局部的。

⑤评价战略实施绩效。

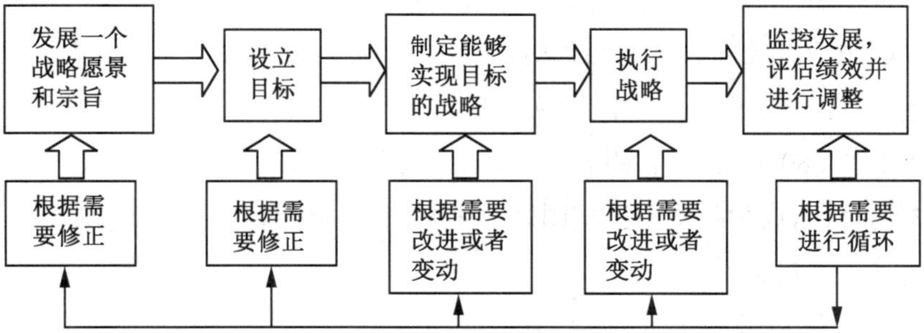

图 8—1　企业战略的制定与执行过程

8.1　企业战略制定

企业战略是为实现企业使命和企业目标服务的，它是指导企业经营管理的综合蓝图，是企业高层管理者在各级基层人员的支持基础上，从企业发展全局出发，制定的较长时期的总体谋划和活动纲领。

制定企业战略是为了解决企业始终面临的三个基本问题：①面对条件变化可能带来的威胁，企业应当如何反应，以利用新的机会，减少外界条件变化带来的不良影响；②在不同的业务、不同的部门、不同的行动之间，如何分配资源；③如何与同行业企业竞争。制定企业战略的过程将分以下三个阶段。

(1)第一阶段，描绘战略愿景

战略愿景/企业远景(Vision，企业层面的战略愿景即企业远景)体现了企业家的立场和信仰，是企业最高管理者头脑中的一种概念，是这些最高管理者对企业未来的设想。是对“我们代表什么?”“我们希望成为怎样的企业?”的持久性回答和承诺。

描绘战略前景是一项创造性活动。战略前景强调价值，强调组织最终想要的结果，所以它是成果导向的，并不强调实现的具体手段。有效的领导者通过描绘组织前景/远景，为组织成员指明前进方向并鼓舞士气。诸葛孔明的“隆中对”就指明了刘备部众的奋斗方向，甚至提供了具体的战略步骤。一个有效的领导者往往能以自身对战略前景的热情，感染周围的人。

当联想、阿里巴巴、百度初创时，它们的领导者就为企业描绘了宏伟愿景，并能近悦远来，员工们团结一致，实现这样的宏伟愿景。1999 年，蔡崇信放弃在中国香港的 580 万元年薪，跟着马云创业，只拿 500 元月薪，并且始终坚定地与马云密切合作，成为阿里巴巴集团乃至中国商界的传奇故事（蔡崇信 2018 年的身家已达 104 亿美元）。

企业远景包括两部分：核心信仰（Core Ideology）和未来前景（Envisioned Future）。核心信仰包括核心价值观（Core Value）和核心使命/宗旨（Core Purpose）。未来前景是企业未来 10～30 年欲实现的宏大目标及对它的生动描述。

企业远景的意义：远景设想重视对机会的确认，可以向企业提示新机会的方向，使企业认识到未来的机会；清晰的远景对企业已经建立起来的竞争优势是十分重要的（反过来，也可以基于竞争优势规划远景）；远景使企业成为团结的整体；可用远景指导企业的战略实施活动；为企业的客户、供应商等利益相关者提供了可能的期望（对本企业的期望）。

描绘战略愿景前需要做的基础研究工作包括以下两个方面：

①企业外部环境分析

公司的市场环境如何发展？将会以怎样的速度演变？

哪些因素驱动了市场变化，它们会造成哪些影响？

竞争者在做什么？竞争环境的哪些因素以哪种方式正在变强或者变弱？

在今后的 5 年或更长时间内，变化的市场和竞争环境对公司经营意味着什么？

哪些新市场我们能进入，并有机会服务于哪些顾客群？哪些我们须放弃？

②企业自身情况分析

我们对公司的志向和抱负是什么？我们希望公司获得怎样的行业地位？

我们应当努力发挥哪些优势，并需要克服哪些劣势？

我们目前的经营将产生足够的增长和收益吗？

我们需要增加哪些新业务？

我们需要哪些新能力以便在未来的市场取得成功？

在上述深入、客观分析的基础上，就能较顺利、有效地描绘企业的战略愿景了。战略愿景的描述角度：从质和量的角度陈述；从战胜竞争者的角度陈述；从相关角色或自身角色的角度陈述；从内部改造的角度陈述。[①]

企业远景的修订如下：

①重申远景。对基本经营方向不发生改变的企业，需每过一段时间重申一次远景，使企业员工尤其新员工和新管理人员了解企业的发展方向，更清楚地集中自己的努力。

②调整远景。使企业的远景与变化了的环境保持一致。

③根本改变远景。过去规划企业远景的背景发生了根本变化，企业需要规划新的远景，进入新的业务方向和业务领域。

(2)第二阶段，设立战略目标

包括设立财务目标（例如利润增长率目标）、生产目标（例如比竞争对手取得更低的生产总成本）、销售目标（例如市场份额目标、网络销售比例）等。

战略（公司层战略）目标指考虑公司内外环境条件的可能性，在一定时期内公司试图实现的一种理想成效，是企业远景的明确化和具体化。

企业（战略）目标的组成如下：

①经营目标。

②利润目标。

③价值目标。属于长期发展目标。从长期看，企业要获得市场竞争地位，就要实现企业资产价值的最大化。

④社会目标。企业追求在社会中的地位以及企业可以为社会做出的贡献。社会目标着眼于企业与其外部环境的关系、企业的“公民”性质、企业的社会责任，以及有关的商业道德。社会目标要求企业的行动不但具有经济性，还要具有政治性、社会性、文化性、伦理性和生态性。

⑤管理者目标。企业管理者从事管理活动，可能不但希望取得正常的报

---

① 反面的启示：上海复星高科技集团董事长郭广昌说，他向李嘉诚学到的一个心得是，开展新业务前不做愿望式假设，而应提前评估自己是否输得起。

酬(企业投资人明确了解并同意给予管理者的报酬),还希望获得其他一些好处。

战略目标的特征见图 8－2。

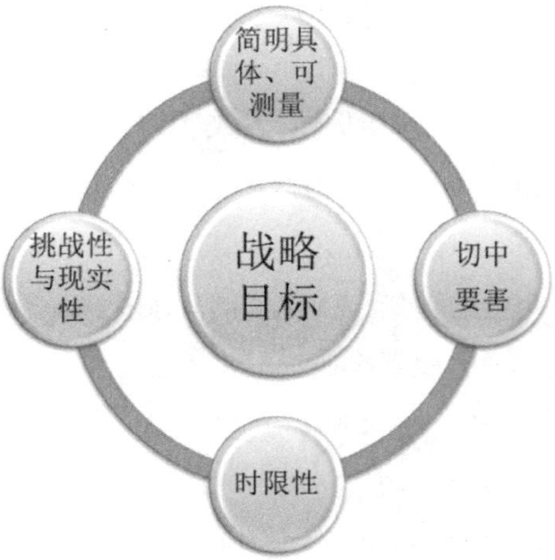

图 8－2　战略目标的特征

战略目标的功能:战略目标是制定、选择战略方案和战略实施控制的依据;战略目标是企业资源配置的依据;战略目标是企业评价新机会是否值得利用的关键标准。

(3)第三阶段,制定战略,提供一系列实现方式

包括如何增长业务、如何取悦顾客、如何战胜对手、如何应对变化的市场环境、如何管理每一项业务并发展所需的组织能力、如何取得战略目标。

8.2　备选战略评估与选择

企业战略评估(选择、实施战略前的评估)的标准主要有三类:适用性标准、可行性标准、可接受性标准。其中战略可行性评估包括现实性评估、必要性评估、系统性评估[①]、资源保障能力评估等。

① 例如,考察被评估战略是否具有一定的全面性与综合性,避免顾此失彼。

影响企业选择战略的因素如下：

①战略目标。

②以往战略的影响。

③企业决策者的价值倾向和个人风格。

例如华为公司的任正非等决策者不愿意让华为上市，一个重要的原因是他们不希望看到多元化的股东（即企业员工之外的股东）干扰华为的发展策略和走向，尤其在华为还未解决企业内部问题之前。因此即使国际金融巨头摩根士丹利上门表达投资意向，任正非等也不为所动。

④决策者的商业哲学与伦理信条。

⑤企业内部的人事和权力因素、政治利益群体。

⑥时间因素，例如考虑时间紧迫与否。不紧迫，则从容选择，追求长期效果；紧迫的话，则在短时间内从有限的几个战略中选择一个相对理想的，并希望实施此战略后能立竿见影。

⑦竞争对手的反应。

⑧企业对外界的依赖程度。

⑨企业对待风险的态度。

例如，在当今创新当道的时代，越来越多的企业对创新战略的风险持开放和宽容态度，容许创新失败。还有一些企业集团把子公司、分公司或事业部的当年尚未产出成果的创新投入和国际化投入计入其业绩，对主要因客观情况而失败的创新投入或国际化投入，不作为该部门的负面评价的依据。企业的这些政策鼓励员工勇敢、积极地对待风险。

可根据企业自身的优势和劣势，使用图 8—3 的企业战略选择模型，以及可运用的内外部资源，为企业选择合适的战略。

此模型是另一种战略选择方法，是企业战略聚类模型/大战略矩阵。使用此模型时，根据市场增长率和企业竞争地位两个指标，为企业选择战略，见图 8—4。

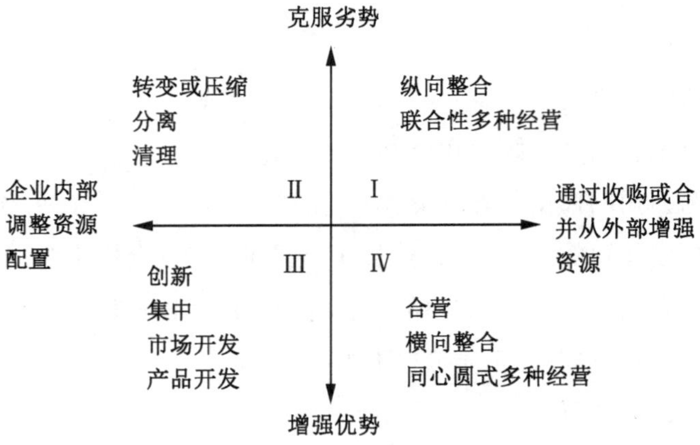

图 8—3　企业战略选择模型

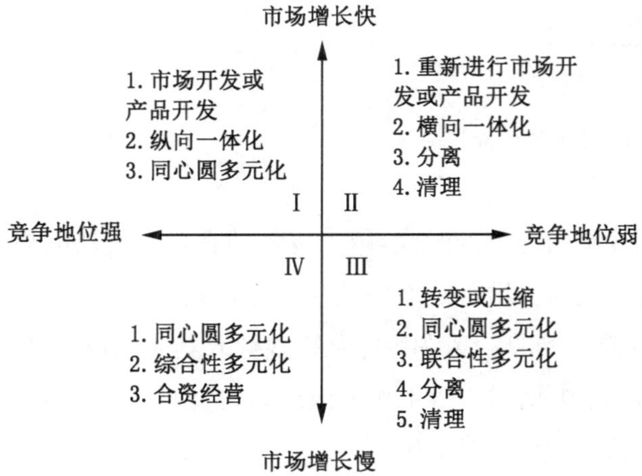

图 8—4　企业战略聚类模型

8.3　企业战略实施

战略实施是战略管理的行动阶段，它使企业的组织结构和经营活动等与企业战略保持适应。这种适应性主要反映在以下 8 个方面：

①企业员工共同持有的价值观念与战略相适应，因此可能需要变革企业文化。

②企业组织结构与战略相适应。

③企业内在的治理结构与战略相适应。

④企业的预算方案与战略相适应。

⑤企业的资源配置与战略相适应。

⑥企业绩效考核和薪酬激励系统与战略目标、战略实施相适应。

⑦企业内部政策和工作程序与战略相适应。

⑧完善信息沟通系统和信息管理系统，以满足实施战略的需要。

战略制定与战略实施的比较见表 8－1。

表 8－1　　　　战略制定与战略实施的比较

战略制定	战略实施
行动之前配置资源	行动中配置资源
思维过程	行动过程
需要直觉与分析技能，如提出概念的能力	需要激励和领导技能
需协调的人相对较少	须协调全体员工，因为需要他们实施

企业战略的实施原则包括：

①创造性原则。遵守但不是照搬战略规划文本中的条文。

②统一原则。整个企业上下统一（实施步调统一，总的战略目标、战略思想等统一）。

③权变原则。环境在变，企业的情况在变，所以应采取权变思想。

战略实施过程的管理包括以下几个基本方面：向组织提供具有所需技能的员工；制订预算；确保政策和操作程序促进而不是阻碍企业战略的有效实施；创造合适的公司文化和工作氛围。

8.3.1　战略实施模式

从战略制定到战略实施，需要有一个从高层战略管理者到各分部主管和职能部门主管的责任转移。根据责任与权力转移程度的不同，实施战略可以采取五种基本模式。

(1)指挥型模式

使用此模式,需要以下约束条件:

①高层管理者拥有较高的权威,能够通过权威发布各种指令,推动战略实施。

②战略在比较容易实施的条件下运用,这些条件包括战略制定者和战略执行者目标一致、战略并不会冲击现行运行系统、环境简单并且稳定等。

③能够及时、准确、有效地收集信息,并能被高层管理者掌握。

(2)变革型模式

变革型模式的企业高层管理人员为有效地实施战略而设计适当的行政管理系统,主要体现在以下几个方面:利用新的组织结构和参谋人员,向全体员工传递新战略的重点;建立企业的战略规划系统、效益评价系统及控制系统;充分调动企业内部员工的积极性,争取大多数人员的支持。

(3)合作型模式

使用合作型模式,高层管理人员发动下级管理人员,运用“头脑风暴法”“战略规划小组”等方式考虑战略制定与实施的问题。各级管理人员可以发表自己的意见,提出各种不同的方案。

(4)文化型模式

文化型模式扩大了合作型模式的人员范围,将企业的基层职工也包括进来。使用这种模式时,负责战略制定与实施的高层管理人员首先提出自己对企业使命的看法,不断向全体成员灌输已确定的战略思想,建立共同的价值观和行为准则,然后,鼓励职工根据企业使命设计自己的工作活动。

(5)增长型模式

使用增长型模式时,企业高层管理人员鼓励中下层管理人员制定与实施自己的战略,以确保企业能更好地增长。这种模式与上述其他模式的区别在于:它不是由高层管理者自上而下地灌输企业战略,而是从基层开始,自下而上地提出战略。使用增长型模式时,高层管理者必须有以下认识:

①他不可能应对所有重大的威胁和机会,因此很有必要给下层管理者宽松的环境。

②管理者的权力是有限的，不可能在任何方面都把自己的意志强加于组织成员。

③只有充分调动下属管理者的积极性，才能正确地制定和实施战略。

8.3.2　战略实施基础与保障

企业战略的实施基础与保障构成如图 8－5 所示。

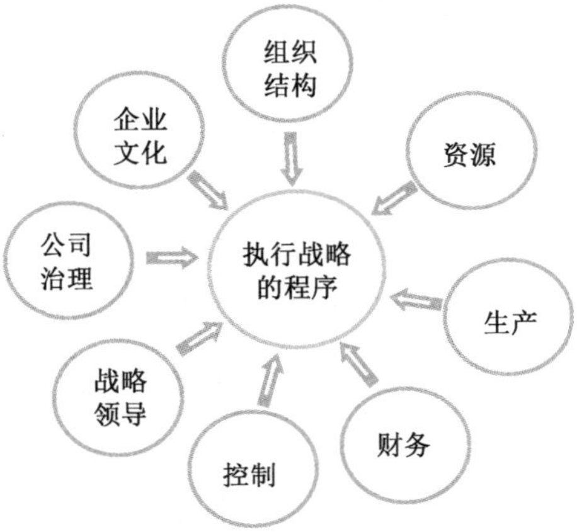

图 8－5　企业战略的实施基础与保障

(1)战略实施中的组织设计

组织结构应当随战略而动，组织设计与战略的关系：不同类型的企业战略对组织结构的要求也不同；是否能实现企业战略目标，首先取决于组织结构是否适应战略；一旦确定企业战略，企业应根据战略要求，规划、设计或调整自己的组织体系。

①具有防御型战略特点的组织

此类组织主要追求的是一种稳定的环境，通过努力解决开创性问题来稳固自己的市场地位。从此类组织的角度来看，所谓开创性问题就是创造一个稳定的经营领域，占领一部分产品市场，即生产有限的一组产品，占领市场的一小部分。在这个有限的市场中，此类组织常采用竞争性定价或高质量产品等竞争策略，以防止竞争对手侵犯它们的市场，维护自己的市场地位。

②具有开拓型战略特点的组织

此类组织主要追求的是一种动态的环境，把其能力用来探索和发现新产品和市场的机会。在此类组织里，开创性问题是为了寻求和开发产品与市场机会。这就要求此类组织在寻求新机会的过程中，首先能够从整体上把握环境变化。

③具有分析型战略特点的组织

此类组织中的开创性问题综合了上述两种组织的开创性问题的特点，即在寻求新的产品和市场机会的同时，保持传统的产品和市场。此类组织解决开创性问题的方法也带有前两种组织的方法的特点，这类组织只有在新市场被证明具有生命力时，才开始从事市场开发。

④具有反应型战略特点的组织

上述前三种类型的组织在对外部环境的适应方面都具有主动性、灵活性的特点，只有在前三种战略都无法被有效运用时，企业才可以考虑使用反应型战略及具有该战略特点的组织。

此类组织对外部环境的变化采取了一种摇摆不定的调整模式。此类组织可能会根据环境变化选择一些错误的战略，特别是对事先设定的经营行动经常表现得不够果断。此类组织常常处于不稳定状态。反应型战略只能说是一种下策，是一种迫不得已的选择。

战略实施中的组织设计的 10 个方面如下：

①工作分析。

②机构设置。

③岗位设定。

④工作标准设定。

⑤建立工作规范。

⑥设计沟通协调规则。

⑦考核和激励模式设计。

⑧企业文化模式设计。

⑨建立相关信息管理系统。

⑩公司治理结构设计。

以既定战略为核心，对以上 10 个方面整体规划设计，从而为战略实施创建一个高效的组织体系。

不过，明茨伯格(1990)认为：确定战略很难独立于现有组织结构。现有组织结构既可以启动也可以限制新战略。

(2)战略实施中的资源配置

有很多方法可以分析企业的资源状况，其中，价值链分析方法是一种较有效、较系统的方法。通过这种方法，企业可以分析一项成功的业务中，哪些价值活动是重要的，哪些是次要的；可以判断在重要的价值活动中，企业的资源是否足够，在次要的价值活动中，如果企业的资源不足，可否实施业务外包；企业怎样才能将优势资源集中在重要的价值活动上；等等。

此外，企业还需分析拟采用的战略与所需资源的匹配状况，表 8—2 描述了三个基本竞争战略对资源的需求。

表 8—2　　基本竞争战略对资源的需求

基本竞争战略	对资源的需求
低成本战略	高水平的采购管理；对设备大规模的投资能力；完善的质量保证体系和完好的设备状态；高效率的成本管理；低成本的营销渠道；等等
差异化战略	高水平的研发能力；对促销活动的投资能力；高水平的营销专家和完善的营销调研系统；等等
聚焦战略	与目标市场相配合的资源和能力

将有限的资源在众多的“资源渴望”业务(活动)中分配时，需要遵循以下原则：抓住产业成功的关键要素；把握任务时序上的缓急；保留适当的战略资源冗余。

以差异化战略和成本领先战略为例，在为这两种战略的实施配置人力资源时，应分别考虑以结果为导向和以过程为导向，使企业的人力资源分别匹配，如表 8—3 所示。

表 8—3　　人力资源与两种战略的匹配

	差异化战略	成本领先战略
公司关注点	创新	效率
员工角色	比较宽泛的任务	专门化、重复化任务

续表

	差异化战略	成本领先战略
人员招聘	外部招聘多	内部提拔多
培训	广泛的职业发展	特定的技能
报酬	强调外部竞争力	强调内部公平性

表8－3中，在员工角色方面，实施差异化战略时，强调比较宽泛的任务。这是为了使员工承担更多的责任，增加员工对各方面业务的了解，进而激发员工的创造力，有利于对产品、服务、流程等重新设计，实现差异化。

又如在人员招聘方面，实施差异化战略时偏重外部招聘。这是因为可以招聘到新人才，获取新思维，进而有利于创新。实施成本领先战略时，则偏重内部提拔，即内部招聘。这是因为老员工熟悉业务和工作流程，更可能了解原业务的不足之处，熟悉本公司方方面面的情况，人员之间的协调和部门之间的协调更方便、有效，老员工更有主人翁的责任感、归属感，等等，这些有利于改善业务，改善流程，克服弊端，降低成本。

再如在报酬方面，只有强调具有外部竞争力（包括国际竞争力），方能招聘到优秀的人才，以利于实施差异化战略。

由于员工在实施战略中的关键作用，因此管理者应当重视员工的“跳槽”现象，并思考相应的改善对策。员工“跳槽”的破坏性如图8－6所示，表中的“有利”指有利于企业发展。

跳槽者的可替代性

跳槽者绩效	难	易
高	严重破坏性	有破坏性
中	破坏性	利弊取决于企业花费
低	短期有害，长期有利	有利

图8－6　员工“跳槽”的破坏性

(3)战略实施中的生产环节

生产是价值链中最关键的业务活动,生产成本常常占总成本的 50%以上。不同的战略需要不同的生产系统,调整战略后必须调整生产系统,职能层生产战略决定了生产系统的形式。

生产系统的目标规划包括 8 个方面:生产规模,生产区位(考虑目标市场、产业集聚、物质资源、人力资源以及宏观环境等),产品设计,加工方式,物流管理,质量控制,成本管理,过程控制(采用 JIT、FMS、SCM、TQM、6σ① 等方法)。

(4)战略实施中的财务事项

财务事项涉及财务保障和绩效分析。虽然许多企业在制定战略时就考虑了财务保障,但由于经营预测很困难以及战略变动,在战略实施中财务战略常常是企业成败的关键。2004 年,巨型企业集团德隆集团就是因为资金流断裂而破产。

实施财务战略的目标就是为实施业务层和公司层战略提供可靠、稳定、低成本的资金保障。资金筹集方法包括:扩股增资、负债融资(银行贷款、发行债券)、商业信用(调整与供应商以及客户的信用条件②)等。

(5)战略实施中的控制职能

战略控制就是将战略实施成效与预定的战略目标比较,检查二者之间的偏离程度以及产生偏离的原因,并采取有效措施纠正战略偏差,以实现战略目标与完成企业使命。进行战略控制时,既要保持战略的稳定性,又要注意战略的灵活性。

战略控制的常用方法有:

①通过预算检查,分析偏差,找出原因,确定纠正行动。

②统计、分析企业活动的各种数据,显示实际情况与标准的差距,以确定纠正措施。

---

①　这几个英文术语的含义分别是即时制造、灵活制造系统、供应链管理、全面质量管理、出错率不能超过百万分之 3.4。其中,掌握了 6σ 管理方法,就好像找到了一个重新观察企业的放大镜。人们惊讶地发现,缺陷犹如灰尘,存在于企业的各个角落。

②　例如使供应商放宽信用条件、提高信用待遇,以缓解本企业的资金压力;另一方面,对客户提高信用条件、降低信用待遇,也能缓解本企业的资金压力。

③专题报告与分析。

④审计。

⑤经营审核。

⑥现场巡查。[①]

可将企业战略控制分为诊断型控制和预防型控制。

①诊断型控制。确定目标，制定业绩标准，衡量业绩，发现偏差，及时纠正。诊断型控制适用于稳定的环境，此过程中，制定标准很关键。对于环境剧烈变化的情况，常常需要改变衡量标准，此时诊断型控制常常失效。

②预防型控制。组织通过掌握外部环境和自身情况，增强自身能力，对外部环境迅速做出反应。

(6)战略领导在战略实施中的任务

战略领导在战略实施中的任务包括：开发和维持企业的核心竞争力，激励和指导中层、基层管理者，开发人力资源，培育支撑战略的企业文化。

(7)公司治理对战略管理的作用

股权结构决定公司战略的导向，董事会控制着重大战略活动，对战略执行发挥服务作用，高层经理对战略运营绩效起最直接的作用。与公司治理结构不匹配的战略常常不能持续，因为可能得不到决策层的支持。

(8)企业文化与战略间的关系

企业文化是企业员工普遍认同的价值观念和行为准则的总和。企业文化通过企业的经营哲学决定着企业战略的制定和经营模式(或战略实施模式)的选择，影响着企业战略的实施；而企业战略的实施又会促进和影响企业文化的发展和创新。两者之间存在着相互影响和相互促进的关系。

企业文化对企业经营业绩以及战略发展的影响主要体现在导向功能、激励功能以及协调功能上。企业文化影响着企业员工(包括高层管理者)的行为选择，从而影响着企业战略调整方向的选择及其组织实施。在企业决定实施战略转型之前，必须考虑是否需要改变企业文化。

企业文化对战略管理活动的影响有：

① 解培才. 企业战略管理[M]. 上海：上海人民出版社，2002.

①在企业经营态势分析与战略制定方面，战略可包含的风险度，战略由个人制定还是群体制定等。

②在战略实施中，员工的自主权程度，任务是由个人还是小组完成，部门经理的相互联系程度，管理者关心员工日益增长的工作满意度的程度，等等。

③在战略控制方面，是允许员工控制自己的行为还是施加外部控制，对评价员工绩效强调的标准，预算超支后的反响，对员工犯错的反应，等等。

企业文化与企业战略必须相互适应和协调。文化决定战略或战略决定文化的观念都是片面的。人们在制定企业战略的时候，必然受到一定的企业文化理念、价值追求和思想境界的影响，从这个意义上说，企业文化影响、制约着企业战略的形成。而在制定战略以后，在战略实施过程中，企业文化建设又要服务于战略实施，因而，企业战略又影响着企业文化的发展。由此看来，在企业实践中，企业战略与文化“和则齐美，离则两伤”。

8.4　战略实施评价

与一般的管理控制评价不同，战略实施评价不仅评价实施情况，还要不断对内外环境、获得和使用资源的能力监控和评价，确认战略基础是否发生变化。若发生变化，可能需要变更战略，含有动态意味。因此，战略实施评价包括：评价内外环境，比较预期业绩与实际业绩，分析偏差和制定对策。

在战略实施评价中，战略业绩衡量方法包括：活动成本法（成本降低体现了战略实施效果）、股东价值衡量法、利益关系群体衡量法、平衡计分卡、责任中心法、标杆法、战略审计等。

(1)用 ABC 方法衡量公司的成本优势

基于作业的成本计算（Activity-Based Costing, ABC）根据各项作业确立费用账目，然后将成本分摊到产生该成本的作业。作业指在一个组织内，为了某一目的而进行的耗费资源的工作，是作业成本管理的核心要素。

ABC 方法突破了只关注劳动力和原材料的成本，以作业为中心，通过追踪、动态反映所有的作业活动，并根据作业消耗资源的情况，将资源的成本分摊到作业中，然后根据产品和服务耗用的作业量，最终将成本分摊到各产品与服务中。

$$\text{某产品或服务的成本} = \sum_{\text{按耗用的各种作业}} (\text{某种作业的单位成本} \times \text{作业量})$$

作业成本法是一种较新的会计方法。使用传统的会计方法，或者说在传统的成本体系中，以面包房的订单成本计算为例，通常按销售额的百分比分配相关业务的订单处理成本。殊不知，一般而言，每张订单的处理时间和开支是一样的，不管某张订单是关于 200 个还是2 000个油炸圈饼。

使用作业成本法，则会根据要处理的订单数而非与订单相关的销售额分配成本，这就是基于作业计算成本的思想。在本例中，面包房因而能更精确地计算每个顾客的订单成本，如果管理层要评估每个顾客对本企业的贡献率，用作业成本法计算出来的这类数据就很有价值。

企业使用基于作业的成本统计方法后，制定合理的价格也变得更容易，也能准确地把一般管理费用分配到单个产品、服务和客户，将成本分配到活动和流程，而不是部门。

基于作业的成本统计方法对区分客户价值很有帮助。使用 ABC 方法后，不少企业可能发现大客户的收益贡献率反而较低，甚至是本企业亏损的主要根源。

企业为不同的客户耗费的成本有很大的区别。有些客户的交易量大，需求量平稳，对产品及服务的要求并不高，企业为这一类客户消耗的成本较低。有些客户的交易量虽然大，但需求量不平稳，他们对产品及服务的要求苛刻，经常会投诉，企业就需要投入大量人力、物力为这一类客户服务，他们的成本很高。

采用作业成本法识别出上述事实后，市场营销等部门可采取合适的对策：维护、争取收益贡献率较高的客户；改变工作方法，降低成本，应对收益贡献率较低的客户，必要时甚至有所放弃。

而传统的成本管理方法通常没有办法估算企业为吸引、留住不同客户耗费的不同成本，其分析结果一般都是大客户的收益贡献率高，小客户的收益贡献率低。①

(2)用平衡计分卡评价战略实施业绩

平衡计分卡不仅可以用于企业绩效评估，而且可以用于战略管理，它还是

① 侯章良，刘立新. 战略管理最重要的 5 个工具[M]. 广州：广东经济出版社，2008.

一种企业控制工具。平衡计分卡方法创始人卡普兰和诺顿认为：企业不仅要关注财务指标，而且要重视组织的运营能力；企业不仅要关心短期目标，而且要考虑长期战略发展。

可综合考虑以下四个方面的指标，评价战略实施业绩：

①顾客角度。从产品性能、服务、质量等方面设计衡量指标。

②内部管理角度。产品成本、生产率、员工技能、工艺、生产周期、质量控制水平、组织效率等。一般而言，在达到质量标准的前提下，生产周期越短越好。

③创新与学习角度。开发新产品的能力、新产品上市速度、新产品的业务比重等。

④财务角度。现金流、利润增长率、盈利率等。如图 8—7 所示。

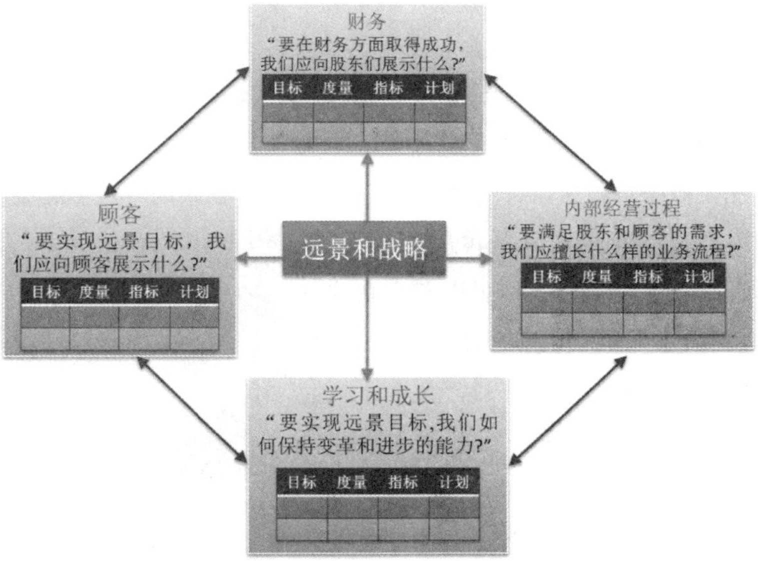

图 8—7　平衡计分卡控制

(3)标杆比较法

标杆比较法是指将本公司的业务活动与从事该项业务活动的最佳实践者进行对比分析，从而提出行动方案，以弥补自身的不足，是对企业成本竞争力的一种有效分析工具。标杆比较法不仅可用于比较企业的业务成本，还可用于比较任何需要重点改善的活动，如质量管理、营销管理等。

其中，过程竞争性比较指的是观察和研究标杆公司的业务流程，包括工艺流程、运营系统、过程技术等，旨在通过观察标杆公司的最佳表现，改进自身的核心流程，提升公司的经营业绩。

施乐公司是运用标杆比较法的先驱。日本复印机的生产成本曾经比施乐的低很多，施乐通过其在日本的合作伙伴富士—施乐，了解对手控制成本的方法。它把生产复印机的 76 种关键工艺和最佳实践者的进行比较，然后一一改善，结果它的成本大幅度下降。

标杆公司是其运营被视为业界典范的公司，如过程控制标杆丰田公司（JIT 制生产），设计标杆英特尔、苹果，培训标杆麦当劳，服务标杆北欧航空，快速开发标杆斯沃琪，等等。我国的服务标杆公司如海尔，研发标杆公司如华为，等等。

标杆公司很难找。如果对标公司不是非常强大，它可能把自己的竞争优势或管理诀窍作为秘密武器，不愿与人分享，尤其戒备同行。一家公司一般只有在成为行业的强大领导者之后，才愿意成为标杆公司，让其竞争对手学习其成功经验，并在对手学习后，自己不断创新、持续改进，继续保持竞争优势。

同时，通过向竞争对手展示成功经验、其他企业无可比拟的竞争优势，可以树立企业的领导者地位，还能达到宣传的目的（例如海尔每年约接待 20 万人参观学习），甚至由于其经验、做法等被广泛使用而在业界建立行业标准，成为标准的制定者。

评价企业的经营，评价外部环境变化的影响，然后方能决定维持或改变企业愿景、目标、战略和战略执行方法。

参考文献

[1]王玉，王琴，董静. 企业战略管理教程(第四版)[M]. 上海：上海财经大学出版社，2013.

[2]陈继祥，王家宝. 企业战略管理[M]. 北京：清华大学出版社，北京交通大学出版社，2010.

[3]黄炜. 中国企业应对国际金融危机的战略管理研究(2008－2015 年)[M]. 上海:上海交通大学出版社，2016.

[4]郑强国，吴青梅. 企业战略管理[M]. 北京：清华大学出版社，2017.

[5]杨锡怀，王江. 企业战略管理——理论与案例(第四版)[M]. 北京:高等教育出版社，2016.

[6]侯章良，刘立新. 战略管理最重要的 5 个工具[M]. 广州：广东经济出版社，2008.

[7]孟宪忠，谢佩洪. 企业战略管理[M]. 北京：高等教育出版社，2013.